高等院校公共基础课系列教材

论文写作

张雪娜　张彤岩　编　著

清华大学出版社
北京

内 容 简 介

本书从明晰论文的概念与类别开始，逐步拆解论文写作的相关方法，通过系统的知识点梳理，让读者从零开始理解论文写作的底层逻辑，并掌握论文的语言表达特点，最终完成优质论文的写作与发表。本书分为10章，涵盖的主要内容有论文写作的基本概念、选题与研究设计、文献综述、数据分析方法、论文结构与组织、论文语言与表达、文献引用与参考文献、论文写作与修改、论文发表与传播，以及论文写作的伦理与规范。

本书内容通俗易懂，逻辑清晰，实用性强，可以满足不同群体的需求，为其提供实用的论文写作方法和建议，特别适合正在撰写学术论文(尤其是毕业论文)的在校生，以及在实验室或研究机构工作的科研人员阅读。此外，本书还适合作为高校论文写作方面的教材。

本书配套的电子课件可以到 http://www.tupwk.com.cn/downpage 网站下载，也可以通过扫描前言中的二维码获取。

本书封面贴有清华大学出版社防伪标签，无标签者不得销售。
版权所有，侵权必究。举报：010-62782989，beiqinquan@tup.tsinghua.edu.cn。

图书在版编目(CIP)数据

论文写作 / 张雪娜，张彤岩编著. —北京：清华大学出版社，2024.4
高等院校公共基础课系列教材
ISBN 978-7-302-65829-0

Ⅰ. ①论… Ⅱ. ①张… ②张… Ⅲ. ①论文—写作—高等学校—教材 Ⅳ. ① H152.3

中国国家版本馆 CIP 数据核字 (2024) 第 059310 号

责任编辑：胡辰浩
封面设计：周晓亮
版式设计：孔祥峰
责任校对：成凤进
责任印制：杨　艳

出版发行：清华大学出版社
　　　　网　　址：https://www.tup.com.cn，https://www.wqxuetang.com
　　　　地　　址：北京清华大学学研大厦 A 座　　邮　编：100084
　　　　社 总 机：010-83470000　　　　　　　　邮　购：010-62786544
　　　　投稿与读者服务：010-62776969，c-service@tup.tsinghua.edu.cn
　　　　质 量 反 馈：010-62772015，zhiliang@tup.tsinghua.edu.cn
印 装 者：三河市君旺印务有限公司
经　　销：全国新华书店
开　　本：185mm×260mm　　　印　张：13.25　　　字　数：258 千字
版　　次：2024 年 5 月第 1 版　　印　次：2024 年 5 月第 1 次印刷
定　　价：69.00 元

产品编号：103070-01

前言

写在前面的话

对于初次接触论文写作的读者来说,"走弯路"往往是不可避免的个人体验。如何从论文的准备与写作计划入手,首次撰写即可有一个相对合理的安排,对于绝大部分初学者来说是一个极其困难的挑战。很多读者虽然能勉强完成论文的写作,但论文的质量始终不能令人满意,造成这种现象的原因之一,是没有提前提高自己的论文写作认知,从而限制了论文的最终水平。

我们一起来思考一个问题——到达目的地最快的方法是什么?可能读者有很多种方法,但最便捷高效的方法之一就是跟着熟悉地形的引路人,这样不仅效率高,而且旅途愉快。本书就像论文写作之旅的引路人,旨在为论文写作初学者提供全面而深入的指南,帮助读者从零到一掌握论文写作的技能,最终取得卓越的成果。

论文写作的现状与发展情况

随着当前教育体系对学术研究和写作能力的培养越发重视,研究生、本科生需要尽早掌握良好的论文写作技术,以应对未来的学术和职业挑战。同时,随着中国学者在国际学术舞台的影响力不断增加,如何有效提升论文写作能力以便适应国际期刊的要求,也成为学术界的热门话题。另外,跨学科研究的兴起也带来了对论文写作的需求,因为这需要学者能够综合不同领域的知识,进行有效的交流和沟通。

以上种种变化都预示着论文写作技术的发展将面临新的挑战和机遇。一方面,数字化工具的整合将越来越重要,学术写作工具和软件不断迭代更新,可以提供更高效的写作、引用和排版功能,从而减轻论文作者的写作负担。同时,多样性与创新也将成为未来的写作技术发展方向。学术界对创新和多样性的需求不断增加,写作技术也将更注重培养个性化、创造性的表达方式,鼓励论文作者在写作中有更大的自由度。本书在夯实读者论文写作基础的同时,鼓励读者进行多样化的尝试。

本书的特色

- 系统全面:本书结构清晰,内容系统全面,适合多种论文写作情境。
- 从零开始:本书从论文写作的基本概念入手,通俗易懂地讲解论文写作的关键内容,极易上手。
- 经验总结:全面归纳总结作者多年学术写作指导经验,提炼核心方法,为读者提供宝贵参考。
- 内容实用：从论文写作需求出发，提供多种写作方法，为读者提供大量实用的参考。
- 附带习题：章节结尾设置相关习题，有效检测与巩固读者所学内容，帮助读者提高实际写作水平。
- 附赠电子课件：编者专门为本书制作了教学所用的电子课件，以方便教师教学时使用。

本书涵盖的内容

本书涵盖了论文的基本概念、论文写作的重要内容及论文写作的相关技巧三个主要部分。第1章为基本概念部分，详细介绍了论文的定义、写作的重要性、论文的不同类型，以及中英文写作的差异等方面的基础知识。第2章到第5章为论文写作重要内容部分，包含选题与研究设计、文献综述、数据分析方法、论文结构与组织等章节，系统阐述了如何明确研究目的、进行文献综述和数据分析，以及如何组织论文结构。第6章到第10章为论文写作相关技巧部分，涵盖了论文的语言与表达、文献引用与参考文献、论文写作与修改、论文发表与传播、论文写作的伦理与规范等方面，该部分提供了写作过程中运用语言、引用规范、修改策略、发表流程等方面的实用技巧。

本书的读者对象

- 准备或正在撰写毕业论文的本科生。
- 进行学术研究并进行论文发表的研究生。
- 高校论文指导教师。
- 机构研究人员和学者。
- 从事科普写作的专业人士。
- 企业中专业领域的从业人员。
- 其他需要进行论文写作的人士。

由于作者水平有限，书中难免有不足之处，恳请专家和广大读者批评指正。在编写本书的过程中我们参考了相关文献，在此向这些文献的作者深表感谢。我们的电话是010-62796045，邮箱是992116@qq.com。

本书配套的电子课件可以到http://www.tupwk.com.cn/downpage网站下载，也可以通过扫描右侧的二维码获取。

编者
2023年12月

目 录

第1章 论文写作的基本概念 ··· 1

1.1 什么是论文 ··· 2
1.2 论文写作的重要性 ·· 2
    1.2.1 论文写作对个人的好处 ·· 3
    1.2.2 论文写作对他人的意义 ·· 3
1.3 论文的类型和目的 ·· 4
1.4 学位论文 ··· 5
    1.4.1 本科毕业论文的范畴界定 ····································· 5
    1.4.2 学位论文与其他类型论文的差异点 ························ 6
    1.4.3 学位论文和学术论文的关系 ································· 6
    1.4.4 学位论文为什么被称为"灰色文献" ······················ 7
1.5 论文写作的内容要求与常见过程 ····································· 8
    1.5.1 论文写作的内容要求 ·· 8
    1.5.2 论文写作的常见过程 ·· 9
    1.5.3 王同学完成学位论文的过程 ······························· 11
1.6 学术贡献和创新性的要求 ··· 12
1.7 中英文论文的差异 ·· 13
    1.7.1 中英文论文检索的差异 ······································ 13
    1.7.2 中英文论文撰写的差异 ······································ 14
    1.7.3 中文论文翻译成英文的注意事项 ························· 14
1.8 论文写作面临的挑战和困难 ·· 15
1.9 论文写作的前期准备 ··· 16
1.10 章节小结 ··· 17
1.11 章节练习 ··· 18

第2章 选题与研究设计 ... 19

2.1 选题的步骤和方法 ... 20
- 2.1.1 论文选题无从下手的常见原因 ... 20
- 2.1.2 启动选题的收集 ... 21
- 2.1.3 留意"灵光乍现"的瞬间 ... 22
- 2.1.4 绝对不可忽略的"个人兴趣" ... 22

2.2 选题明确化与常见问题 ... 23
- 2.2.1 什么是选题明确化 ... 23
- 2.2.2 避免常见选题问题 ... 25
- 2.2.3 确保研究问题的范围和可行性符合学术要求 ... 25

2.3 研究目的与研究假设 ... 26
- 2.3.1 确定研究目的 ... 27
- 2.3.2 构建合理的研究假设 ... 29
- 2.3.3 "研究目的与研究假设"与"研究方向和结论"的关系 ... 30

2.4 研究方法的选择 ... 30
- 2.4.1 常见的研究方法 ... 31
- 2.4.2 选择研究方法的普遍原则 ... 31

2.5 研究目标的明确与初步论证方法 ... 32
- 2.5.1 明确研究目标 ... 32
- 2.5.2 研究目标的初步论证方法 ... 33

2.6 样本选择与数据收集 ... 34
- 2.6.1 选择合适的样本 ... 35
- 2.6.2 有效地收集和管理研究数据 ... 36

2.7 章节小结 ... 37

2.8 章节练习 ... 38

第3章 文献综述 ... 39

3.1 文献综述的目的和要求 ... 40
- 3.1.1 文献综述的常见目的 ... 40
- 3.1.2 学位论文中文献综述的常见数量要求 ... 41
- 3.1.3 文献综述的字数要求 ... 41

3.2 文献综述的方法 ... 42

	3.2.1	文献综述的常见方法汇总	42
	3.2.2	文献综述的分析整合方法	45
	3.2.3	文献综述的其他方法	46
3.3	文献搜索和筛选的方法	46
	3.3.1	明确研究的范围和焦点	47
	3.3.2	选择合适的数据库和资源	48
3.4	文献的批判性评价	55
	3.4.1	评估文献的可靠性、准确性和存在的局限性	55
	3.4.2	持续发展批判性思维	55
3.5	文献综述的组织结构	56
3.6	文献综述的写作方法和注意事项	58
	3.6.1	概括和整合文献	58
	3.6.2	增加综述的可读性和吸引力	58
	3.6.3	避免抄袭和不当引用	59
3.7	章节小结	59
3.8	章节练习	59

第4章 数据分析方法 · 61

4.1	数据的收集和处理		62
	4.1.1	数据收集和处理的常见步骤	63
	4.1.2	确保数据的质量和可靠性	64
4.2	统计分析和结果解读		65
	4.2.1	常用的统计分析方法	65
	4.2.2	正确解读统计分析结果的方法	66
4.3	描述性统计分析		67
	4.3.1	描述性统计分析介绍	67
	4.3.2	描述性统计分析案例解析	68
	4.3.3	绘制直方图的步骤	70
	4.3.4	统计学中常用的描述性统计指标	73
4.4	推论性统计分析		74
	4.4.1	推论性统计分析介绍	74
	4.4.2	推论性统计分析案例解析	75

4.4.3　统计学中常用的描述性统计指标 75
4.5　因子分析、回归分析与聚类分析 76
4.6　数据可视化的重要性 77
4.7　图表类型选择与设计原则 78
　　4.7.1　图表选择方法 79
　　4.7.2　图表设计原则 79
　　4.7.3　常见的图表类型 79
4.8　使用图表展示数据分析结果 82
　　4.8.1　使用图表展示数据分析结果的优势 82
　　4.8.2　使用图表展示数据分析结果的弊端 83
4.9　图表的编排和美化方法 83
　　4.9.1　图表的编排方法 84
　　4.9.2　图表的美化方法 84
4.10　常用的数据分析软件 85
　　4.10.1　常用的数据分析软件介绍 85
　　4.10.2　数据分析软件对比 86
4.11　章节小结 87
4.12　章节练习 87

第5章　论文结构与组织 89

5.1　论文结构的原则和要素 90
　　5.1.1　论文的结构原则 90
　　5.1.2　论文的基本要素 91
5.2　论文的组织方法 93
　　5.2.1　论文内容常见的组织方法 94
　　5.2.2　标题与子标题的运用 94
　　5.2.3　段落的合理组织及过渡词语的使用 96
5.3　论文格式的要求和规范 98
　　5.3.1　《学位论文编写规则》(GB/T 7713.1-2006) 98
　　5.3.2　《学术论文编写规则》(GB/T 7713.2-2002) 98
5.4　论文的范围和篇幅限制 99
　　5.4.1　合理确定论文的研究范围 99

    5.4.2 在有限篇幅内完整地展现研究成果 ························ 100
    5.4.3 论文内容不足的常见原因及应对方法 ····················· 100
  5.5 章节划分和段落结构 ·· 101
  5.6 图表和公式的设计与排版 ··· 102
    5.6.1 图表的设计和排版 ·· 102
    5.6.2 公式的设计和排版 ·· 103
  5.7 初步了解参考文献和引用格式 ······································ 104
    5.7.1 正确引用他人研究成果的重要性 ···························· 104
    5.7.2 不同学术风格下的引用规范 ································· 105
    5.7.3 参考文献管理工具 ·· 106
  5.8 章节小结 ·· 107
  5.9 章节练习 ·· 107

第6章 论文的语言与表达 ·· 109

  6.1 学术语言的特征和用法 ·· 110
    6.1.1 学术写作的独特表达方式 ····································· 110
    6.1.2 恰当运用学术术语和学科特定的表述方式 ················· 112
  6.2 表达清晰、简洁和准确的方法 ······································ 113
    6.2.1 提高论文表达的清晰度 ·· 113
    6.2.2 提高论文表达的简洁性 ·· 114
    6.2.3 提高论文表达的准确性 ·· 116
  6.3 科学写作的语气和风格 ·· 117
    6.3.1 理解科学写作 ··· 117
    6.3.2 科学写作的语气和风格 ·· 117
    6.3.3 选择适当的写作风格 ··· 118
  6.4 避免语句冗长和啰唆 ·· 119
  6.5 避免学术不端和抄袭 ·· 121
  6.6 章节小结 ·· 122
  6.7 章节练习 ·· 123

第7章 文献引用与参考文献 ··· 125

  7.1 文献引用的基本原则和规范 ··· 126
  7.2 文献引用的方法 ·· 127

- 7.3 参考文献的基本原则和规范 ·········· 128
- 7.4 参考文献的选择与书写 ·········· 129
  - 7.4.1 参考文献的选择技巧 ·········· 129
  - 7.4.2 规范书写参考文献的注意事项 ·········· 130
- 7.5 确定文献引用和参考文献的风格 ·········· 130
  - 7.5.1 国内外常见的论著风格 ·········· 131
  - 7.5.2 正确选择文献引用和参考文献的风格 ·········· 133
- 7.6 常用的文献引用和参考文献管理软件 ·········· 134
- 7.7 文献引用和参考文献的学术规范与道德准则 ·········· 137
- 7.8 文献引用和参考文献在论文写作中的作用与重要性 ·········· 138
- 7.9 中华人民共和国国家标准《信息与文献—参考文献著录规则》(GB/T 7714-2015) ·········· 139
- 7.10 章节小结 ·········· 139
- 7.11 章节练习 ·········· 139

第8章 论文写作与修改 ·········· 141
- 8.1 论文的初稿和修改方法 ·········· 142
  - 8.1.1 论文开头的写作方法 ·········· 142
  - 8.1.2 学位论文的开题报告 ·········· 143
  - 8.1.3 论文初稿的内容 ·········· 144
  - 8.1.4 确保论文初稿的顺利完成 ·········· 145
  - 8.1.5 论文初稿是"边写边改"还是"写完再改" ·········· 146
- 8.2 拟订论文提纲 ·········· 147
  - 8.2.1 论文提纲的意义 ·········· 148
  - 8.2.2 何为清晰合理的论文提纲 ·········· 148
  - 8.2.3 拟订论文提纲的步骤 ·········· 149
  - 8.2.4 拟订提纲的常见误区 ·········· 150
- 8.3 论文各部分的写作方法 ·········· 153
  - 8.3.1 标题页的写作方法 ·········· 155
  - 8.3.2 摘要的写作方法 ·········· 156
  - 8.3.3 目录的写作方法 ·········· 157
  - 8.3.4 引言(或绪论)的写作方法 ·········· 158

8.3.5 文献综述的写作方法 160
  8.3.6 研究方法的写作方法 161
  8.3.7 结果的写作方法 163
  8.3.8 讨论的写作方法 164
  8.3.9 结论的写作方法 166
  8.3.10 参考文献的写作方法 167
  8.3.11 附录的写作方法 169
 8.4 论文质量的评估标准 170
 8.5 导师评审和反馈的处理 172
 8.6 论文完善的策略 173
 8.7 语言和结构的优化 173
 8.8 章节小结 174
 8.9 章节练习 175

第9章 论文发表与传播 177

 9.1 论文发表的过程和步骤 178
  9.1.1 论文发表的必要步骤 178
  9.1.2 论文发表的复杂性和挑战性 179
  9.1.3 正确看待普遍的高拒稿率 180
 9.2 论文发表的渠道和平台 181
  9.2.1 论文发表渠道和平台的类型 181
  9.2.2 论文发表渠道和平台的特点 182
  9.2.3 论文在多个渠道和平台进行投稿的要求 182
 9.3 论文传播与影响力 183
  9.3.1 增加论文传播和影响力的好处 183
  9.3.2 有效传播研究成果并持续拓展影响力 184
 9.4 出版伦理和知识产权保护 185
  9.4.1 出版伦理 185
  9.4.2 知识产权保护 186
 9.5 论文发表可能面对的挫折及应对策略 186
 9.6 章节小结 187
 9.7 章节练习 188

第10章　论文写作的伦理与规范 ·· 189
10.1　学术诚信与道德原则 ··· 190
10.2　知识产权与学术尊重 ··· 191
10.3　避免学术不端与违规行为 ·· 191
10.4　论文查重 ·· 192
10.4.1　论文查重的重要性 ·· 192
10.4.2　常用的查重软件和工具 ·· 193
10.4.3　处理查重结果的策略和建议 ·· 196
10.5　章节小结 ·· 197
10.6　章节练习 ·· 198

第 1 章

论文写作的基本概念

论文写作是学术研究中较为重要的环节,无论是学位论文还是其他类型的论文,都要求我们具备一定的基本认知和基本概念,只有具备了这些基础知识,我们才有可能完成学术论文的基本写作。本章为广大读者介绍撰写各类论文应遵循的基本原则和必须了解的重要概念,以帮助读者在学术写作中取得成功。

接下来我们一同探讨论文写作的重要目的和意义,找出不同类型论文的差异点,了解论文写作的常见过程,并学习一些论文写作的基础知识,构建论文写作的基础。论文作为学术成果的主要呈现方式,旨在传达作者的研究发现、观点和贡献。无论是学位论文、科学论文、综述文章还是会议论文,写作的目的都是类似的,无非是通过准确、清晰的表达来与他人分享研究成果,并促进学术交流和专业知识传播。

因此,读者通过理解本章介绍的论文写作的基本概念,将能够清晰地理解各类论文的差异点,缩短论文写作技巧的学习时间,提升论文的质量。

本章内容如下。

- 什么是论文:介绍论文的基本概念和基本定义。
- 论文写作的重要性:认识和理解论文在不同场景下的多种应用价值。
- 论文的类型和目的:探索不同类型论文研究目标的差异。
- 学位论文:掌握学士论文、硕士论文、博士论文的差异点。
- 论文写作的内容要求与常见写作过程:探讨、学习常见论文撰写的基本要求和流程。
- 学术贡献和创新性的要求:理解学术贡献和学术创新的具体要求。

- 中英文论文差异：比较中文论文、英文论文在语言使用、引用和写作风格上的不同。
- 论文写作面临的挑战和困难：分析、解决常见论文写作过程中的难题和困扰。
- 论文写作的前期准备：知晓论文写作前期准备工作的具体内容。

1.1 什么是论文

通常我们在进行论文写作之前，先要对论文的基本概念和基本定义有清晰的认识。如烹饪一般，要做对菜肴，首先要知道菜肴的菜系、风格和特点，论文也是如此。论文是学术研究的重要成果和主要呈现方式之一，明确论文的基本定义对进行有效的写作和研究至关重要，可以有效避免大的改动和调整。

首先我们要清楚，论文终归是书面学术作品的一种，只是它需要通过系统性的研究、分析和论证，并且以清晰、有逻辑的方式来表达论文作者对特定问题的独特观点(或贡献)。论文也是学术界重要的交流方式和知识传播方式，通过论文，学者们可以分享各自的研究成果，相互学习，相互交流，推动学术的长远发展。

其次，我们也要了解论文的特点，包括论文的论证性、逻辑性、准确性和严谨性等，在撰写过程中，我们需要对相关问题进行深入的研究和分析，并结合参考文献进行综述，再运用最优的方法进行研究。同时，我们要确保论文的结构合理、观点清晰，并完全符合学术规范和引用要求。

通过理解论文的定义，我们可以更好地理解论文写作的目标和要求，有针对性地开展研究和论证。这也有助于论文作者与同行进行进一步的学术交流，并为学术界的发展做出贡献。

1.2 论文写作的重要性

对于论文写作的用处，仁者见仁，智者见智，有的读者把论文作为工具，以此获得更高的学位或者更高的职位；也有读者单纯出于对学术研究的执着，希望自己的研究能够引起大家的关注，从而有更多与其他专家学者交流的机会。的确，论文写作有更高的价值和意义，我们可以通过论文写作追求知识的创新，也可以通过论文写作进行广泛的传播，此外，论文写作可以鼓励我们养成深入思考、独立研究的习惯，培养我们的批判性思维和创造力。其实，越来越多的人发现，论文对我们生活中的小事及影响国家乃至人类生存的大事，都有着不可替代的影响力，它是我们对社会严肃问题的观察、思考，更是解决这些问题的重要方式之一，它记录和承载着我们对真理的追求和对人类福祉的贡献。

1.2.1 论文写作对个人的好处

好的开始是成功的一半，认识到论文写作对每个人的好处尤为重要，只有了解论文写作的益处，才能够更好地进行创作与坚持。

- 获得学位：论文写作最常见的价值，便是通过撰写学位论文获得某种学位，如学士学位、硕士学位或博士学位。学位的获得对个人的职业发展和学术认可具有极其重要的意义，还可以为个人进一步的研究或职业发展提供一定的帮助。
- 学术声誉和职业发展：通过撰写、发表论文，可以有效帮助个人在学术界建立声誉，优秀的论文不仅可以提高个人的学术声望，还可能为其职业发展提供宝贵机会，如获得相关领域的学术奖励、职位晋升和岗位聘任等。
- 学术交流和合作：要想进行学术交流与合作，论文写作一定是最佳途径，通过论文，个人可以不受空间与时间的限制，广泛地进行研究成果、观点和方法的交流。优秀的论文还可以帮助个人扩大学术人脉网络，获得同行或专家的反馈，并获得一些合作机会，能够有效促进学术的共同进步。
- 拓展知识的深度和广度：论文写作的重要目的是对现有专业知识体系进行深度和广度的拓展，当然，在拓展之前，个人也需要对特定领域提前进行充分的了解与深入的研究。通过这些前期的准备，个人可以更好地理解和掌握前人在该领域的成就与贡献，站在巨人的肩膀上前行。
- 提升批判性思维和分析能力：论文写作最重要的能力之一，就是在写作的过程中要随时具备批判性的思维，通过逻辑推理与分析，最终定位专业领域的相关问题，并在一定程度上解决某些问题。在这个过程中，个人可以有效提升相关能力。
- 学术贡献和影响力：现有的论文库是知识的海洋，汇集了全世界古往今来学者们的智慧，但我们仍然可以通过自己的努力，为学术界和社会做出个人独特的贡献。有影响力的论文最初也是出自平凡人之手，但其会随着关注和引用数量的增长，成为能够推动学术进展和社会变革的力量。

1.2.2 论文写作对他人的意义

当然，论文写作同样对其他人有着非凡的意义，具体如下。

- 学术交流和知识传播：通过论文写作，可以构建学术交流与知识传播的基础平台，个人可以对自己的研究成果进行分享，对研究观点进行交流。同样，其他学者也可以通过查阅论文掌握最新的研究动态，从而启发自己的研究，推动相关领域的共同进步。

- 合作与合著机会：优秀的论文一定会引起行业学者的关注，进而创造交流与合作的机会。其他学者在参阅你发表的论文时，可能会针对你的研究提出问题或者提供一些反馈，这些高价值的交流都有可能成为日后合作的基础。

- 参考和引用：一篇优秀的论文，从某种程度上来衡量，一定绕不过参考和引用的累计数量。如果我们的论文成了其他学者引用和参考的对象，就可以为他人的研究提供有力的支持和依据，为他人的研究做出间接贡献。

- 知识共享和实践指导：论文的共享不仅有助于推动学术界的发展，而且可以为其他读者提供价值。从知识共享到实践指导，论文都可以发挥作用，最终有助于现实问题的解决，推动政策改革，为社会带来有益的影响。

1.3 论文的类型和目的

论文的结构不是一成不变的，往往需要先根据论文的不同目的来确定论文的类型。只有明确了论文的类型，才能够选择较为适合的论文结构，确定相关风格。较为常见的论文类型如学术论文，通常需要概述研究领域的全面观点，并展示独立的研究成果。为了更好地帮助读者明确不同类型论文在写作目的上的差异性，确保读者在构建论文逻辑、选择研究方法等方面采取合适的策略，从而确保论文的准确严谨，请仔细参考不同类型的论文对比，如表1-1所示。

表1-1 不同类型论文的对比

论文类型	目的
学术论文	展示独立研究成果，推进学术领域的知识和理论
科学论文	描述和解释实验及数据，支持科学理论与发现
综述文章	汇总和总结已有研究成果与观点，提供领域内的全面概述
技术报告	详细描述实验方法、技术应用、结果和分析
实验报告	报告实验设计、数据采集和结论分析
会议论文	在学术会议上展示研究成果和初步发现

(续表)

论文类型	目的
评论/批判性论文	对现有研究进行评价、分析和批判性讨论
研究提案	提出研究问题、目标、方法和预期结果
案例研究	分析个案或群体案例,探究特定现象、问题和解决方案
专题调查	对特定领域、问题或群体进行详细调查和分析
书评	对特定书籍进行评价、分析和讨论
学位论文	为获得学位而完成独立研究论文

其实论文的类型在近些年层出不穷,以上列举的论文类型只是一些常见的示例,实际上可能还有更多特定领域的论文类型,每种类型都有其独特的目的和写作要求,读者应根据自己研究的特点进行科学的归类与判断。

1.4 学位论文

学位论文是指为了获得学位而完成的研究性论文,较为普遍的是研究生在硕士或博士阶段进行的重要学术任务。学位论文要求学生选择一个特定的研究主题,针对该主题进行深入研究,并完成一篇具有一定学术价值的论文。学位论文要具备学术价值,就要特别注重研究的独立性、学术性和创新性,通过恰当的研究方法和论证过程,基于大量的文献进行综述和讨论,并最终形成个人独特的研究成果。学位论文的重要目的之一,是通过对论文的审阅,评估学生在特定领域的学术水平、研究能力与研究成果。

1.4.1 本科毕业论文的范畴界定

有的读者会问,本科生的毕业论文是不是学位论文。其实,这与毕业论文的要求与作用有关。本科毕业论文通常是指本科阶段的学生在大学学习期间完成的独立的学术研究论文,既是学生生涯的主要成果,又是毕业的条件之一。毕业论文通常要求本科生选择一个特定的研究主题或问题,进行独立的研究和分析,并按照学术规范撰写论文,旨在培养学生的研究能力、批判性思维和学术写作能力。

不同的教育体系或具体的学校可能会对本科生毕业论文的命名和要求不尽相同。有些学校直接将本科生毕业论文称为学士论文,也有的学校将其称为毕业设计、毕业项目。虽然这些论文旨在检验本科生的研究能力、学术写作和综合运用知识的能力,但如果毕业论文并非为了获得学位而撰写的，则一般不被认定为学位论文。

所以我们可以看出，本科生的毕业论文可以被视为学术论文的范畴，但不一定被认定为学位论文。毕业论文是本科生在完成学业时展示其研究能力和学术成果的一种常见形式，是完成学业时所要提交的一篇独立的研究性论文。它要求学生进行文献综述、研究设计、数据收集与分析，并对研究结果进行讨论和结论。虽然本科生的毕业论文在深度和广度上可能相对较低，但仍然要求学生以学术方式进行独立研究，以体现其学术研究的基本能力。

1.4.2 学位论文与其他类型论文的差异点

与其他类型的论文相比，学位论文具有以下几个主要差异点。

- 目的和要求：学位论文的主要目的是通过评估研究生在特定领域内的研究能力和学术水平，决定其是否获得学位。而其他类型的论文则更注重知识总结、问题讨论或实验结果的展示。
- 研究深度和广度：学位论文通常要求具备较高的研究深度和广度，要求研究生在特定领域内进行深入的研究和分析，形成独立的贡献。其他类型的论文则可能有着各不相同的目的，如综述文章侧重汇总和总结现有成果。
- 独立性和创新性：学位论文要求研究生必须独立选择研究主题，并在专业领域内进行独立的研究，最终形成创新性的研究成果。而其他类型的论文(如综述文章)则可能更依赖于对已有研究的引用和综合，而不一定要求独立创新。
- 审阅和评估：我们经常会听到学术作假，或者某人的学位论文涉嫌抄袭等新闻，这些新闻其实都会对高校的名誉产生严重的影响。学位论文的审阅与评估本身是非常严肃的，必须经过严格的审阅和评估程序，包括指导教师和专业委员会的评审。其他类型的论文可能没有完全相同的评审程序，而是根据出版机构或会议的要求进行评估，但这并不代表发表难度有所降低，反而大多数情况下难度会有所增加。

1.4.3 学位论文和学术论文的关系

学术论文的概念范围包含学位论文，学位论文其实是学术论文的一种特殊形式。学术论文是指以学术研究为基础，通过系统性的方法和逻辑论证来表达观点、研究成果和贡献的论文。学位论文继承了学术论文的一些特点，同样也可以成为学术交流和知识传播的形式，为推动学术领域知识和理论的发展做出贡献，并为学者提供相互学习、借鉴和交流的机会。

因此，学位论文可以被视为学术论文的一种特例，它具有学术论文的一般特点和普遍要求，同时需要满足获得学位的目的和要求。学位论文的写作要求通常更为严格和深入，要求学生进行独立的研究和创新，形成学术贡献。它不仅要满足学术界对学术质量的要求，还需要符合学位授予机构的评审标准和要求。由此可见，学位论文是学术论文在特定背景下的一种应用，具有学术性和学位评定的双重属性。

1.4.4 学位论文为什么被称为"灰色文献"

学位论文通常在文献类型上被认为属于灰色文献(gray literature)的范畴。灰色文献指的是未正式出版或未广泛传播的学术或技术文献，如学位论文、技术报告、会议论文等。与传统的出版物(如期刊和图书)相比，灰色文献的可获取性和可检索性较差。但这并不代表学位论文无法查阅，在国内，你通常可以通过以下方式获取学位论文。

- 向高校的图书馆和研究生院查询：你可以向所在的高校图书馆或研究生院申请获取学位论文。不同学校的流程可能有所不同。但需要注意的是，不同学校对外部人员获取论文的开放程度可能不同，普遍趋势是越来越不容易获取。
- 使用各类硕博论文数据库：国内有许多收录硕士论文和博士论文的数据库。一类是由国家相关机构领导建设的数据库，如中国国家数字图书馆、国家科技图书文献中心(NSTL)等，这些数据库被认为最具权威性。另一类是各种第三方数据库，如中国知网、万方数据库、大学数字图书馆国际合作计划等。

需要注意的是，获取学位论文可能需要支付费用或申请访问权限。此外，不同学科领域和研究机构对论文的收集和存储方式也可能有所不同。因此，在查找学位论文时，建议多方面查阅，并结合具体情况进行搜索和访问。

如果要查阅国外的学位论文，以下是一些常见的可行途径。

- 学校图书馆或数字库：大多数大学和研究机构会收藏学位论文，并提供相应的数据库或存储库供学生和研究人员访问。你可以联系所在学校的图书馆，了解其学位论文的收藏和访问方式。
- 学术搜索引擎和数据库：一些国内外学术搜索引擎和数据库(如Google学术、ProQuest、Dissertation Abstracts等)提供了学位论文的检索功能。你可以使用关键词、作者名或题目等信息进行检索，并获取论文的摘要或全文。
- 学术社交网络和研究机构的在线存储库：一些学术社交网络(如ResearchGate)和研究机构的在线存储库也可能提供学位论文的访问。你可以浏览这些平台，查找与你感兴趣的领域相关的学位论文。

- 向作者或导师咨询：如果你知道特定学位论文的作者或导师，你可以尝试联系他们，询问论文的可获取性或索取副本。

1.5 论文写作的内容要求与常见过程

提前了解论文的内容要求对于高质量的论文写作至关重要，这可以帮助我们明确写作的目标并掌握论文的合理结构，从而确保论文具有连贯性和逻辑性。同时，了解写作过程有助于更好地规划和组织论文撰写，提高写作效率。

论文写作中较为常见的问题有很多，包括偏离主题、遗漏重要内容或违反学术规范等。如何评判自己是否偏离主题，或者遗漏重要内容，往往要从内容要求入手。同时，熟悉常见的写作过程也非常重要，有的读者把平时其他情景下的写作习惯带入论文写作中，往往事倍功半。如何高效地组织思路、收集资料、撰写草稿和修订论文，是我们在了解常见论文写作过程时可以习得的间接经验，这些经验可以让我们少走弯路，是论文写作方法中的基础。

1.5.1 论文写作的内容要求

论文写作和其他文学作品有很大的差异，从内容要求上可以总结为以下几点。

1. 专业性

论文切忌沙上建塔，应展现出对所研究领域的深入了解和扎实的专业知识基础。这就意味着作者应该非常熟悉相关领域的核心理论、相关概念和常见的研究方法，并能灵活准确地运用这些知识来分析问题，提出解决方案。在专业性上，同时还要求作者对相关文献和研究成果先有全面了解，基于这些基础，对已有研究进行批判性评估，并最终从中获取对自己研究的启示和参考。

2. 学术性

理解学术性的定义，是从事论文写作的重中之重。论文应遵循学术规范，以科学、系统和严谨的方式进行研究。这包括采用适当的研究方法和理论框架，以确保研究的可信度和可重复性，不能够再现结果的研究是有较大失败风险的。学术性同时还要求作者时刻保持批判性思维，能够对现有研究进行综合评估、提出合理的问题和假设，并通过合理的推理和论证展示研究结果与结论。

3. 创新性

创新是论文写作的重要特点之一，很多读者在进行研究之前未能对现有文献进行全面的查阅与分析，或者有的读者会进行无意义的重复研究，所以论文通常必须提供独特的观点、见解或方法。这意味着作者要尽可能地超越已有研究成果，努力开拓新的研究方向或解决问题的途径。创新性的论文能够推动学术领域的进步和发展，为学术界带来新的思考和启示。

4. 科学性

论文应基于科学研究的原则进行设计和实施。这包括明确的研究目的、合理的研究设计和数据采集方法，以及准确的数据分析和解释。科学性要求作者采用可靠的数据来源、严格的实验控制和统计分析，以确保研究结果具有科学的可信度和可重复性。

5. 逻辑性

论文之所以称为论文，是因为其具备严密的逻辑结构和论证过程。论文作者应合理组织论文的章节和段落，确保论文的观点、假设和结论之间有清晰的逻辑关系。逻辑性要求作者通过合理的推理和论证，以及充分的证据和例证，使论文的论证过程具有严密性和说服力。

6. 规范性

论文应符合学术写作的规范要求。这包括准确引用和注释他人的观点、数据和成果，遵循特定的引用格式和风格指南。规范性还要求作者遵循学术道德和知识产权的原则，尊重他人的知识和贡献，确保学术交流的诚信和公正。

7. 易读性

论文应使用简明、清晰的语言表达，以便读者理解和阅读。作者应避免使用复杂的术语和句子结构，选择准确、恰当的词汇和表达方式，使论文流畅、易于理解。易读性要求作者将复杂的概念和理论以简洁明了的方式呈现，为读者提供愉悦和有意义的阅读体验。

论文写作要求的不同维度都有其重要性和独特性。通过兼顾专业性、学术性、创新性、科学性、逻辑性、规范性和易读性，一定可以写出高质量、有影响力的论文。

1.5.2 论文写作的常见过程

论文写作的常见过程包括以下8个主要步骤，如图1-1所示。

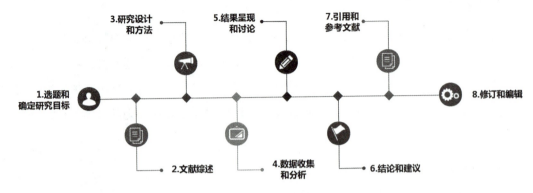

图1-1　论文写作常见过程图

(1) 选题和确定研究目标：选题和确定研究目标是论文写作过程中至关重要的一步。在选题时，需要充分考虑自己的兴趣、专业背景和研究领域的前沿问题。一个好的选题应具备学术价值、实践意义和切实可行性。要确保选题既能够满足个人的研究兴趣和成长需求，又能够贡献于学术界和社会实践。确定研究目标是为了明确研究的目的和要解决的问题。一个明确的研究目标能够指导研究的方向和方法，并为后续的研究工作提供基础。

(2) 文献综述：文献综述是对已有研究成果进行全面了解和评估的过程。这一步骤需要广泛查阅相关文献，并系统地整理、分析和总结现有研究成果。通过文献综述，研究者可以了解研究领域的理论框架、研究方法和争议问题。同时，文献综述还能够帮助研究者发现已有研究的不足之处，找到研究的空白和切入点，从而提出自己的研究问题和假设。一篇好的文献综述应该有系统性、全面性和批判性，能够准确反映研究领域的最新进展和主要观点。

(3) 研究设计和方法：研究设计和方法的选择是确保研究可行性和可靠性的关键。在这一步骤中，需要仔细设计研究方案，明确研究的目标、问题和假设，选择适当的研究方法和数据收集工具。研究设计应包括实验设置、样本选择、数据采集过程和数据分析方法的详细描述。研究方法的选择应基于研究目标和问题的性质，确保能够收集到可靠和有效的数据。在确定研究方法时，还需要考虑研究资源的可行性和限制条件。

(4) 数据收集和分析：数据收集是实证研究的重要环节，需要根据研究设计和方法收集相关数据。数据收集可以通过实验、问卷调查、访谈、观察或文献分析等方式进行。收集到的数据需要进行整理、清理和编码，然后进行统计分析。统计分析在方法上应基于研究的问题和数据类型，得出准确和可靠的研究结论。在数据分析过程中，还需要考虑数据的可靠性、有效性和解释性，确保对研究问题的回答和验证。

(5) 结果呈现和讨论：在这一步骤中，研究结果需要以清晰、准确的方式展示出来。可以使用表格、图表、图像或文字描述等形式呈现结果，以便读者能够直观地理解。同时，还要对结果进行全面的讨论和解释，与理论框架和已有研究进行比较和对照。讨论部分应分析研究结果的意义、限制和可能的解释，并提出对未来研究的建议。在结果呈现和讨论过程中，研究者应注重数据和理论的解释性，准确表达研究结果的内涵和实际意义。

(6) 结论和建议：结论部分总结研究的主要发现和结论，回答研究问题或验证假设。结论应明确、简洁地陈述研究的重要性和学术贡献。此外，还应提出对未来研究方向的建议，指出研究领域的进一步发展方向和可能的改进方法。结论和建议部分是整个论文的亮点，它需要紧密联系研究目标和问题，具有逻辑性和说服力。

(7) 引用和参考文献：在整个论文中，正确引用他人观点和研究成果是维护学术诚信的重要方面。引用和参考文献的准确性及格式规范性至关重要。应在论文中准确引用他人的观点、数据和研究成果，并在参考文献列表中列出引用的文献来源，遵循相关的引用风格和规范。在引用和参考文献的处理中，研究者需要严格遵守学术规范，避免抄袭和剽窃行为。

(8) 修订和编辑：最后一步是对论文进行仔细的审查、修改和编辑。在修订过程中，需要检查语言表达的准确性、逻辑性和清晰度。此外，还需要确保论文符合所选期刊或学校的格式和要求，包括字数限制、参考文献格式、标题和子标题的使用等。修订和编辑的目的是提高论文的可读性和质量，确保论文达到学术出版的标准。

以上是论文写作的常见过程，具体的写作过程和步骤可能因学科、论文类型和个人偏好而有所不同。逐步进行并有条理地完成每个步骤，有助于提高论文的质量和效率。

1.5.3 王同学完成学位论文的过程

对照章节1.5.2的步骤，我们一起分析某教育心理学硕士研究生王同学硕士学位论文的完成过程，理解相应的写作过程。

(1) 选题和确定研究目标：王同学与论文写作指导专家讨论感兴趣的研究方向，并确定研究题目为"社交媒体对青少年自尊心的影响研究"。研究目标是探索社交媒体使用与青少年自尊心之间的关系，并了解其中的影响机制。

(2) 文献综述：王同学进行广泛的文献综述，以了解社交媒体、自尊心和相关概念的定义和理论框架。她阅读了大量的学术期刊和研究报告，了解了该领域的最新研究进展和争议问题。

(3) 研究设计和方法：王同学采用问卷调查的方式收集数据，以了解青少年的社交媒体使用行为和自尊心水平。她设计了适当的问卷工具，并确定了样本选择的方法和样本规模。

(4) 数据收集和分析：王同学按照研究设计的要求，对一所中学的200名学生进行了调查。她整理和编码了收集到的数据，并使用SPSS软件进行了统计分析。她解读统计结果，并确保准确地得出结论。

(5) 结果呈现和讨论：王同学以表格和图表的形式清晰地展示了研究结果，并深入分析了结果。她与已有文献进行比较和讨论，探讨了结果的意义、限制和可能的解释。

(6) 结论和建议：王同学总结了研究发现，并提出了对未来研究方向的建议，包括进一步探索社交媒体对青少年自尊心的长期影响，考虑不同社交媒体平台的影响差异等。

(7) 引用和参考文献：王同学遵循学术规范和引用格式要求，在论文中准确引用和列出参考文献，确保对知识产权的尊重。

(8) 修订和编辑：王同学仔细审查和修改论文，确保语言表达准确、清晰，并符合学术期刊的格式要求。她检查了论文的结构、段落和标题，以保证整体的逻辑性和连贯性。

最终通过王同学的努力与论文写作指导专家的指导，王同学顺利地完成了她的硕士论文，并通过答辩。她的研究对于理解社交媒体对青少年自尊心的影响具有一定的学术意义和实践价值。(本案例为保护原作者隐私，对作者姓名及论文名称进行了部分修改)

1.6 学术贡献和创新性的要求

在一次高校的讲座中，我讲解了论文的学术性和创新性的要求。现场有一位同学提出了一个问题，他对自己的论文是否能够有学术贡献和创新产生了深深的疑虑。这位同学表达了他的担忧，他认为自己的研究可能只是对已有文献的总结和整理，缺乏创新性和学术价值。

其实我很理解他的疑虑，虽然创新和学术贡献的确非常重要，然而我告诉他，其实每个研究只要用心，都会有其独特之处和特有的价值。我鼓励他深入思考自己的研究问题，并从与前人不同的角度出发，寻找可能的创新点，进而具备一定的学术价值。

我在讲座中分享了一个以前真实的辅导案例，讲述了一位研究生同学面临的类似疑虑。这位同学起初和他一样，非常迷茫，绞尽脑汁也一无所获，但在刻意加大文献阅读量并进行了深入的研究后，他一样发现了一个新的研究方向，并提出了一个全新的理论模型。其实，创新和学术贡献并不一定要有完全性的颠覆发现，而是通过对已有研究的深入分析和思考，发现一个小的新问题、提出新的解释或改进现有理论，这些都可以视为一种突破。

我当面鼓励了这位同学要坚持自己的研究兴趣，积极参与学术讨论和交流，与他人分享自己的研究思路，从中获取反馈和启发。我提醒他，创新是一个持续的过程，需要不断思考、探索和尝试。后来一段时间，我帮助的这位同学给我发来消息，说他已经消除了对自己论文的疑虑。他意识到，只要保持积极的思维态度，发挥自己的创造力和思考能力，他的论文也有可能为学术界带来新的贡献和创新。我继续鼓励他相信自己的研究价值，勇敢地追求独特性和学术贡献，努力为学术领域的进步做出自己的贡献。

其实在论文写作中，学术贡献和创新性的确是重要的要求。学术贡献要求研究对学术界产生积极影响，推动学术进展和知识积累。这意味着研究者要通过深入的文献研究、批判性的思考和对现有研究的分析，发现新的问题、提出新的解释或改进现有理论，为学术领域带来新的见解和贡献。

而创新性要求研究具备独特的观点、见解或方法，最终超越已有研究成果。这并不仅限于完全颠覆性的发现，而是通过对已有研究的深入思考，从不同角度出发，寻找可能的创新点和研究方向。创新性要求研究者具备创造力和思考能力，能够提出新的问题、解释或方法，从而推动学术界的进步。通过不断追求学术贡献和创新，研究者们能够在学术界持续产生积极的影响，从而不间断地推动各领域的发展和人类知识的进步。

1.7　中英文论文的差异

中国人和外国人的思维差异普遍涉及文化、教育和语言等多方面。中文论文和英文论文也自然在写作风格和结构上存在不少差异。中文论文注重辞藻华丽、修辞优美，更强调整体性和归纳性。而英文论文则普遍注重清晰、简练和逻辑性。中文论文在引用和参考文献上倾向于扩展性，引用大量文献以尊重前人贡献。而英文论文更注重精确引用和明确标注。初步了解并尊重这种差异有助于研究者适应不同的写作要求，确保论文具有可读性和学术价值。

1.7.1　中英文论文检索的差异

中英文论文检索的差异主要体现在检索工具、语言和关键词的选择、发表渠道及获取的便利性上。了解并熟悉这些差异，可以帮助研究者更有效地进行中英文论文的检索和获取所需的学术资源。

中英文论文检索的工具和数据库不同。对于中文论文，常用的检索工具包括中国知网、万方数据库等，而对于英文论文，常用的检索工具包括Google Scholar、Web of Science、Scopus等国际性数据库。

中英文论文检索的语言和关键词也有所不同。在中文检索中，可以使用中文关键词进行搜索，涵盖更广泛的主题。而在英文检索中，通常需要使用英文关键词，并遵循国际标准的主题词或索引词。

中英文论文在发表的期刊和会议上也存在差异。中文论文通常发表在国内的学术期刊或会议中，英文论文则更多地发表在国际期刊或国际会议上。研究者应当认识到中英文论文的差异，广泛涉猎国际国内的学术著作，为自己的论文撰写奠定基础。

1.7.2 中英文论文撰写的差异

中英文论文撰写的差异主要体现在语言表达、论文结构、段落组织、引用方式和写作风格上。了解并熟悉这些差异，可以帮助研究者适应不同的写作要求，提高论文的质量和可读性。

首先是语言表达方面。中文论文通常注重辞藻华丽、修辞优美，使用比喻和象征性的语言表达，追求文字的艺术性。而英文论文更注重简练、准确和直接的语言表达，以清晰传达研究思想和结果。

其次是论文结构和段落组织。中文论文的结构较为灵活，常采用扩展的引言和结尾，注重条理性和逻辑性的展开。段落之间的衔接较为自由。英文论文则通常遵循简洁明了的引言、方法、结果和讨论等固定结构，每个段落之间的衔接要求更加严格。

再次是引用和参考文献的使用上的差异。中文论文在引用时常注重扩展性，引用大量文献以体现对前人贡献的尊重和学术传统的继承。英文论文更注重精确引用和明确标注，遵循特定的引用格式和规范。

最后是写作风格上的差异。中文论文注重辞藻华丽、修辞优美，常使用修辞手法和修饰语，使文章富有文学性。英文论文更注重直接、简明的表达，追求准确性和逻辑性。

1.7.3 中文论文翻译成英文的注意事项

不论是涉及国外学位认证的学位论文，还是投稿到国际学术期刊的论文，国内的研究者普遍会先用中文完成论文，再进一步翻译成目标语言。而将中文论文翻译成英文论文时，一定要考虑以下注意事项。

- 语言表达：英文论文要求简洁、准确和直接的语言表达，应确保使用恰当的英文词汇和句法结构，避免中式英语和直译。
- 结构和段落组织：确保论文结构清晰，符合英文论文的常规结构，如引言、方法、结果和讨论等。每个段落应围绕一个主题展开，并使用适当的过渡词汇和句子结构进行衔接。

- 引用和参考文献：遵循国际通用的引用格式，如APA、MLA等。确保准确引用和标注参考文献，并提供完整的引用信息。
- 专业术语和概念：对于特定领域的专业术语和概念，确保准确理解并正确翻译成英文，使用行业内通用的英文术语和表达方式。
- 文化背景和逻辑思维：考虑英语读者的文化背景和逻辑思维方式，适当调整论文的表达方式，确保英文论文能够被读者理解。
- 语法和拼写：注意英文论文的语法和拼写准确性。使用语法检查工具和拼写检查工具进行校对，确保没有语法错误和拼写错误。
- 校对和审阅：最好请母语为英语的专业人士对翻译后的论文进行校对和审阅，以确保语言的准确性和流畅性。

在翻译中文论文为英文论文时，为了准确表达研究内容，一定要遵循英文论文的写作规范和风格，同时注意专业术语和语言的准确性，以确保最终翻译出的英文论文清晰准确且具有较强的可读性。

1.8 论文写作面临的挑战和困难

无论是学术论文写作还是学位论文写作，都面临着各种挑战和困难。从选题到论证，从文献综述到方法设计，从数据分析到结果呈现，每个环节都需要经过深思熟虑和精心的准备。此外，时间管理、写作风格、语言表达等方面也是需要考虑的要素。

为了应对这些挑战和困难，我们需要知己知彼，深入了解论文写作的要求和规范。这意味着要熟悉所在领域的学术规范和期刊要求，了解学位论文的要求和评审标准。同时，需要掌握科学研究的方法和技巧，学习如何进行文献综述、数据收集和分析，以及如何构建逻辑严密、清晰连贯的论文结构。此外，提前规划和时间管理也非常重要，应合理安排时间，确保有足够的时间进行研究、写作和反复修改。坚持良好的写作习惯，积极寻求反馈和指导，不断改进和提升自己的写作能力。

论文写作过程中最重要的是要保持耐心和毅力。论文写作是一个漫长而充满挑战的过程，可能会遇到困难和挫折。但通过充分的准备、持之以恒的努力和积极的心态，我们可以克服困难，取得成功。

以下是论文写作过程中常见的挑战和困难，以及一些初步的应对策略，具体内容见表1-2。

表1-2　论文写作过程中常见的挑战、困难及应对策略

常见的挑战和困难	应对策略
启动困难	深入思考兴趣领域，与导师和同行讨论，寻找切实可行的研究方向和问题
选题困难	仔细审查兴趣领域，与导师、同行交流，综合考虑可行性和研究价值
文献综述的广度和深度	学习有效的文献搜索技巧，筛选相关文献，关注顶级期刊和重要学术会议的发表
数据收集与处理	确定合适的数据收集方法，选择可靠的工具和技术，处理数据时要细心和谨慎
分析和解释结果	使用合适的统计方法和工具，深入理解数据，并解释结果与研究问题之间的关联
逻辑结构和组织	提前规划论文结构，使用清晰的标题和段落，确保论文逻辑清晰、连贯，并有明确的引导性语句
语言表达和写作风格	学习学术写作技巧，阅读优秀的论文，培养良好的语言表达能力，寻求同行和导师的反馈与指导
时间管理和压力管理	制订合理的时间计划，设定里程碑和截止日期，分解任务，避免拖延，保持积极心态，寻求支持和帮助
参考文献的管理和引用格式	使用参考文献管理工具，遵循指定的引用格式，确保准确引用和标注参考文献，避免抄袭和引用失误
审稿意见和修改要求	认真阅读审稿意见，积极对待批评和建议，逐一回应每个意见，修改论文以满足审稿人和导师的要求
论文撰写与其他任务的平衡	合理分配时间和精力，优先安排论文写作，与导师和同学沟通合作，合理规划其他任务的完成时间
查重问题	写作过程中认真并及时的进行论文查重，不要等到论文完成后再进行查重，避免抄袭和引用失误，使用专业查重工具并根据检测结果进行必要的修改和修正

总之，论文写作需要面对各种挑战和困难，但通过充分的准备、知己知彼的理解，我们可以在写作过程中更加游刃有余，以准备充分的状态应对各种困难。

1.9　论文写作的前期准备

进行充分的前期准备对于论文写作非常重要。前期准备可以帮助你明确研究目标、提

前解决潜在问题,并为你的写作提供有力支持。

论文写作的前期准备包括以下方面。

- 准备选题库:对感兴趣的领域进行调研,收集和整理相关的选题资源,建立一个选题库。其中可以包括期刊论文、会议论文、专业书籍、研究报告等,帮助你获取研究热点和趋势,了解前沿的研究问题。
- 进行初步的文献查阅:通过查阅相关文献,了解已有研究的进展和成果。深入阅读顶级期刊和重要学术会议上的论文,了解前人的观点和研究方法。初步文献查阅可以帮助你建立理论框架,确定自己的研究方向和问题。
- 设计数据收集或实验的可行性:如果你的研究需要进行数据收集或实验设计,则需要评估其可行性。确定合适的数据收集方法、实验步骤和工具,考虑样本选择、时间成本和资源要求等因素。这样可以确保你的研究计划在可行的范围内,并为后续的实施做好准备。
- 制订写作计划:制订详细的写作计划是高效进行论文写作的关键。应根据论文的截止日期和所需的工作量,制定一个合理的时间表。可以将写作过程分解成具体的任务和里程碑,确保每个阶段的工作有序进行,并给自己足够的时间来进行修改和润色。
- 积极与导师或同行交流:导师和同行是论文写作宝贵的资源。应与导师讨论研究方向和选题,征求他们的建议和指导;与同行交流,分享自己的研究计划和想法,获取反馈和修正。他们的意见和经验可以帮助你更好地规划研究和写作。

通过进行这些前期准备,你可以明确研究目标、规划研究步骤、准备必要的资源,并确保写作过程有条不紊。这些准备工作有助于提高你的论文质量,提前解决潜在问题,并为顺利完成论文打下坚实基础。

1.10 章节小结

本章涵盖了论文写作的核心要点和基本知识。我们从论文的定义和重要性开始,深入探讨了不同类型论文的目的和学位论文的差异,介绍了论文写作的基本要求和常见的写作过程,并强调了学术贡献和创新性对于论文的重要性。我们还比较了中英文论文在语言、引用和写作风格上的差异,并探讨了论文写作所面临的挑战和困难。最后,我们强调了论文写作前期准备的重要性。通过本章的学习,读者应该已经掌握论文写作的基本概念和核心要素。

在进入下一章之前,我们鼓励读者回顾并巩固第一章中所学的基本概念和知识,理解和掌握这些基本要点将为后续章节的学习和实践奠定坚实的基础。同时，读者可以开始思考自己感兴趣的研究领域，并准备探索更具体的选题和研究设计方案。愿本书第一章提供的关于论文写作基础的全面介绍，可以为读者接下来的学习和写作之旅铺平道路。

1.11 章节练习

(1) 论文类型与目的。

通过对比学术论文和实用性论文的特点，探讨它们的研究目的和应用场景。

选择一个特定的学科领域，对比不同类型论文(如综述论文、实证研究论文、案例研究论文等)的目的和重点。

(2) 学术贡献与创新性要求。

选择一篇学术论文，分析该论文在学术领域中的贡献和创新性。论述该论文对当前领域的进展和理论的发展所做出的贡献。

就你的研究领域或感兴趣的领域，思考并提出一个可能具有创新性的研究问题，说明你认为这个问题有何学术价值和研究意义。

第 2 章

选题与研究设计

通过第一章的学习，读者已经基本掌握了论文写作的相关概念，从第二章开始我们将进入论文写作中的一些具体步骤。这一章将深入探讨选题的原则和方法，旨在帮助读者明确选题并设计出具有研究价值的方案。首先，我们将介绍选题的灵感记录和收集方法，帮助读者捕捉和记录选题的灵感，并从多个途径获取选题。同时，我们强调个人兴趣在选题中的重要性，教授如何将个人兴趣与研究主题相结合，为研究提供动力和激情。

其次，我们将讨论选题的明确化与常见问题。明确选题是确保研究目标明确、有针对性的关键步骤。我们将提供指导，帮助读者准确定义研究问题，并避免常见的选题问题。通过这一部分的学习，读者将能够确保选题在合理范围内，确保选题的可行性和创新性等，符合基本的学术要求。

最后，我们将探讨研究目的与假设的确定。研究目的是研究的根本动机和预期结果，而假设则引导着研究的方向和结论。我们将帮助读者明确研究目的，并教授如何构建合理的研究假设，以确保研究具有科学性和可操作性。

在研究设计方面，我们将重点讨论研究方法的选择、样本选择与数据收集。研究方法是实现研究目标的关键工具，我们将介绍各种常见的研究方法，并讨论它们的适用场景和优缺点。同时，我们将探讨样本选择与数据收集的重要性，提供一些建议和方法，帮助读者高效地收集和管理研究数据。

通过阅读本章，读者将获得选题与研究设计的全面指导，建立坚实的研究基础。不论读者是初次进行研究还是希望提升研究设计水平，本章内容都将为读者提供实用的方法和策略，帮助读者在论文写作中取得更大的成就。

本章内容如下。
- 选题的步骤和方法：了解如何记录选题灵感、收集选题的方法，以及如何结合个人兴趣来选择合适的研究主题。
- 选题的明确化与常见问题：学习如何明确选题，避免常见选题问题，确保研究问题的范围和可行性符合学术要求。
- 研究目的与研究假设：确定研究目的，构建合理的研究假设，引导研究方向和结论。
- 研究方法的选择：探讨各种研究方法的选择，了解它们的适用场景和优缺点，为研究提供有效工具。
- 研究目标的明确与初步论证方法：明确研究目标，探讨初步论证方法，确保研究方向合理且可行。
- 样本选择与数据收集：重视样本选择和数据收集，学习如何选择合适的样本，并有效地收集和管理研究数据。

2.1 选题的步骤和方法

"万事开头难。"在进行论文写作时，研究者常常在最开始就面临无法确定选题的情况。他们担心如果选题选不好，会对后期的写作、发表或者学位的获得产生不良影响。的确，如果最初的选题都选择不当的话，确实可能会给后续的论文写作埋下巨大的隐患。这些隐患包括选题不具备研究价值和学术意义，可能导致论文在学术界缺乏吸引力和影响力。或者，选题过于宽泛或缺乏明确性，可能导致研究方向模糊，研究问题不够具体，难以得出有力的结论和推论。选题的可行性问题也是一个风险因素，如资源限制、数据收集困难或实施方法不可行，可能使得研究受阻。

最重要且不能忽略的是，选题与个人兴趣的不匹配，这会导致研究者缺乏对选题的热情和动力，直接影响论文的深入研究和质量。为降低潜在风险，研究者应该认真评估选题的学术价值、可行性和个人兴趣的匹配性，并在选题之前进行充分的调研和讨论，以确保选题具备研究潜力和实施可行性，从而提高论文的质量和学术影响力。

2.1.1 论文选题无从下手的常见原因

和论文写作的逻辑一样，对于论文选题无从下手的问题，我们也要分析问题的成因，进而找到具体的解决办法。以下列出的是在论文选题阶段令研究者头痛的一些情况。

- 领域广度和深度不明确：研究者可能对自己所在领域的广度和深度了解不足，不清楚应该从何处入手进行研究。缺乏对领域内研究前沿和热点的了解，导致难以确定具体的选题方向。
- 缺乏足够的背景知识：如果研究者对相关领域的背景知识了解不足，可能会感到无从下手。对于一个陌生的领域，选题过程可能变得困难，需要更多的学习和调研来积累必要的知识储备。
- 缺乏明确的研究目标：研究者可能对自己想要达到的研究目标不明确，或者对所追求的学术价值和实际应用价值没有清晰的认识。缺乏明确的研究目标会使选题过程缺乏方向性和目的性。
- 过于害怕失败或选择困难：研究者可能因为害怕选错选题而陷入选择困难，担心自己的研究不能取得成功。这种担忧和恐惧可能会阻碍选题过程的进行。
- 缺乏灵感和创新思维：研究者可能陷入创新思维的困境，缺乏新的想法和创意。对于一个看似已经被研究过的领域，找到具有创新性和研究价值的选题可能成为挑战。

面对这些情况，研究者可以通过扩大知识面、与他人交流、参加学术会议等方式，积极寻找灵感和研究方向。此外，尽早启动选题的收集，随时有效记录自己的"灵光乍现"，可以有效解决选题无从下手的问题。

2.1.2 启动选题的收集

那我们该如何启动自己的选题收集呢？可以从以下几方面入手。

- 阅读文献和相关研究：深入了解当前领域的前沿研究，寻找未被解决或有待深入研究的问题。
- 观察和记录：保持敏锐的观察力，关注身边的问题和现象，记录引发思考和兴趣的点子。
- 社会问题和需求：关注社会中存在的问题和需求，从社会角度出发寻找可以研究的话题，为社会提供解决方案。
- 交流和讨论：与同行学者、导师或领域专家进行交流和讨论，获取他们的意见和建议，从他们的经验中获得选题的灵感和方向。
- 个人兴趣和经验：充分利用个人的兴趣、专业知识和经验，将其与研究领域相结合，找到适合自己的研究主题。
- 多角度思考：从不同的角度和学科领域思考问题，尝试将不同的概念、理论和方法结合起来，寻找新的研究视角和创新点。

- 利用专业平台和资源：参加学术会议、研讨会，浏览学术期刊和专业网站，获取领域内的最新动态和研究热点。

通过全面运用这些方法，研究者通常可以更有针对性地收集选题，快速找到一些具有潜力和研究价值的论文写作选题，以备抉择使用。

2.1.3 留意"灵光乍现"的瞬间

在思考论文选题时，确保不错过"灵光乍现"的关键是记录和培养触发这种灵感的环境和习惯。以下是我重点推荐的几个方法，其中有的方法是之前辅导过的同学集思广益而来的。

- 持续记录：随时随地记录触发灵感的点子和想法。使用笔记本、手机应用或其他便捷的工具，将想法记录下来，以免遗忘。无论是在阅读文献、与人交流、参加讨论会还是在日常生活中，都要习惯性地记录突发的研究想法。
- 创造思考空间：创造安静、无干扰的环境，使思绪得以自由流动。这可以是一个安静的房间、大自然中的散步、专注的冥想或其他让大脑放松的地点或活动。创造这样的思考空间，可以促进灵感的产生。
- 多样化的阅读和学习：广泛涉猎各种学科和领域的文献，不仅限于自己的研究领域。通过阅读不同领域的著作，可以激发跨学科的思考，产生新的观点和创意。
- 激发创造力的活动：参与刺激创造力的活动，如头脑风暴、艺术创作、音乐欣赏等。这些活动可以激发大脑的联想能力和创造力，为新的选题灵感创造条件。
- 与他人讨论：与同行学者、导师、朋友或其他领域专家进行讨论和交流。他们的观点和反馈可能会触发新的想法和选题的灵感。

通过采取这些方法，研究者可以增加捕捉"灵光乍现"的机会，并将这些灵感转化为具有潜力的论文选题。

2.1.4 绝对不可忽略的"个人兴趣"

"兴趣是最好的老师。"兴趣是对选题影响较大的因素之一。如果在选题的过程中缺乏激情和动力，只从理性的角度选择选题，则很可能导致研究者在后续的研究过程中缺乏热情，难以保持持续的动力和投入。此外，忽视个人兴趣也可能使研究者无法充分发挥自己的专业知识和经验，影响研究的深度和质量。

要找到自己的兴趣，研究者可以进行自我反思和探索。研究者可以回顾自己在学术和职业生涯中最感兴趣的领域、话题或问题；尝试参与各种学术活动、学术交流和实践活动,以进一步发现自己的兴趣所在;也可以通过一些职业规划领域的专业兴趣测评来为自己提供一些参考。此外,与导师、同行学者和专家进行讨论,寻求他们的意见和建议也是帮助找到个人兴趣的有效途径。

我们一定要意识到将个人兴趣与选题结合的好处会是双赢的。个人兴趣能够为研究者提供持久的动力和激情,使其在研究过程中保持积极的态度和投入。研究者将更加乐于深入探索选题,进行更有意义的研究。同时,个人兴趣与专业知识和经验的结合,可以使研究者在选题领域内具备独特的视角和深度,有助于产生创新的研究成果。研究者对所选题目的深入理解和热情,也会对提高研究的质量和学术影响力产生积极的影响。

2.2 选题明确化与常见问题

在论文的选题阶段,研究者常常面临一些常见问题,如选题范围过于广泛或模糊不清。研究者可能在选题时面临太多选择,难以确定具体的研究方向和问题。缺乏明确的选题范围会导致研究方向模糊,难以从中提取具体的研究目标和假设。

可行性问题也是一个常见的挑战。在选题时,研究者需要考虑资源的可行性,包括时间、预算、数据收集和实验条件等方面。如果选题在资源上存在限制或在技术上难以实施,研究者可能需要重新评估选题的可行性,或者调整研究方法和设计。

此外,缺乏创新性和学术价值也是一个常见的问题。研究者可能担心自己的选题缺乏新颖性和研究意义,已有的研究已经涵盖了相关领域的大部分内容。以上这些问题都可能使研究者感到困惑和无从下手,其实这个问题应当从理解选题的明确化开始。

2.2.1 什么是选题明确化

选题明确化是指在论文写作过程中对选题进行具体、明确和有针对性的界定和细化,以确保研究目标的明确性和可操作性。选题明确化的意义在于帮助研究者确立清晰的研究方向,避免选题范围过于宽泛或含糊不清,从而提高研究的效率和质量。下面介绍相关案例。

1. 案例一:不明确的选题

选题:人类行为

问题:该选题存在明显的不明确性。人类行为非常广泛,包含方方面面和各种领域。如果没有明确界定研究人类行为的具体方面、范围和目的,研究者将很难确定研究的具体内容和方法,导致研究目标不明确、缺乏可操作性。

2. 案例二：选题明确化

选题：社交媒体对青少年自尊心的影响

问题：该选题通过明确研究的目标对象(青少年)、研究领域(社交媒体)和研究变量(自尊心)，确立了具体的研究范围和目标。研究者可以进一步明确研究的具体问题、研究方法和预期结果，从而有针对性地开展研究工作。

3. 判断选题是否明确

选题：环境保护

答案：不明确。

分析：该选题的问题在于没有明确具体的研究方向和目标。环境保护是一个广泛的主题，包括许多不同的问题和议题。如果研究者没有明确界定研究的具体方面，如特定的环境问题、地区或政策，那么研究的范围将过于宽泛，难以进行深入的研究。

选题明确化的关键在于明确研究的具体方向、范围和目标。通过明确界定研究问题、研究对象、研究领域和变量，研究者可以避免选题过于宽泛和模糊，使研究更加具体、可操作和有效。选题明确化有助于指导研究的整个过程，包括问题的提出、方法的选择、数据的收集和结果的解释，从而提高研究的科学性和实用性。

4. 案例二的进一步明确

针对案例二"社交媒体对青少年自尊心的影响"，我们可以进一步缩小选题范围，以下是在三个维度上缩小范围并解释其过程。

(1) 时间维度：研究者可以缩小研究时间的范围，如将研究集中在最近的几年内，以了解社交媒体对青少年自尊心的最新影响。这有助于研究者关注当前社交媒体使用模式、平台的变化和相关问题的最新趋势。

(2) 地域维度：研究者可以缩小研究地域的范围，如将研究局限在特定地区、城市或学校群体中的青少年。这有助于研究者更深入地了解特定地域的社交媒体使用情况和社交媒体对青少年自尊心的影响，同时能考虑地域差异对结果的影响。

(3) 社交媒体平台维度：研究者可以选择特定的社交媒体平台或平台类型进行研究，如专注于探究QQ或抖音对青少年自尊心的影响。这样的选择有助于研究者深入了解具体平台上的功能、用户互动和内容特点，从而更准确地研究其对青少年自尊心的影响。

通过缩小时间、地域和社交媒体平台等维度的范围，研究者可以更具针对性地开展研究工作。这种缩小范围的过程可以使研究更加具体、集中和深入，从而提高研究的可操作性和可靠性。此外，缩小范围有助于研究者更好地控制变量、获取更精确的数据和得出更准确的结论,从而为社交媒体对青少年自尊心影响的理论和实践提供更有针对性的见解和指导。

思考一下,你的选题能否进一步缩小研究范围,或者你的选题是否过于狭窄,如是可以适当扩大范围。

2.2.2 避免常见选题问题

在选题明确化的过程中,我们会遇到很多问题,不过这些问题有一定的普遍性,下面将其总结出来,如表2-1所示。

表2-1 选题明确化过程中的常见问题汇总

常见问题	解决方法
选题范围过于广泛或模糊不清	缩小选题范围、明确研究目标和问题
缺乏明确的研究目标	确定具体的研究目标和预期结果,明确研究问题的意义和影响
可行性问题(资源限制、数据获取等)	评估选题的可行性,寻找解决资源限制和技术难题的方法
缺乏创新性和学术价值	进行充分的文献调研,寻找尚未解决的问题或新的研究视角
不符合个人兴趣和专业知识	结合个人兴趣和专业知识,寻找与自身背景和经验相关的选题
缺乏可操作性和具体性	确定研究问题的具体方向、范围和变量,制订明确的研究计划和方法
挑选的选题过于热门或已有大量研究	从新的角度思考问题,尝试结合不同学科和方法,寻找独特的研究视角
研究问题缺乏与社会实践和实际应用的联系	确保研究问题与社会需求、实践应用紧密相关,考虑研究结果的实际应用

值得注意的是,选题明确化的常见问题和解决方法可能因研究领域和具体情境而有所差异。以上列举的问题和方法仅供参考,研究者应根据自身情况灵活运用,并根据导师或同行学者的指导进行调整和完善。

2.2.3 确保研究问题的范围和可行性符合学术要求

确保研究问题的范围和可行性符合学术要求,可以尝试以下5种方法。

- 文献调研：进行充分的文献调研，了解当前领域的研究现状和前沿。通过阅读相关的学术期刊、会议论文和专业书籍，了解已有研究的范围和可行性，避免重复研究和过于宽泛的选题。
- 可行性评估：评估研究问题的可行性，包括资源、时间、技术和数据收集等方面的可行性。考虑自身的研究条件和能力，判断是否有足够的资源和条件来支持研究的进行。在可行性评估中，也要考虑可能面临的挑战和困难，并制定相应的解决方案。
- 研究目标的明确性：确保研究问题的目标明确具体，能够清楚界定研究范围和研究变量。明确的研究目标有助于研究问题的可行性评估，可以确定研究方法和数据收集的适用性。
- 寻求导师和同行学者的意见：与导师和同行学者进行讨论，分享自己的选题想法，并听取他们的意见和建议。他们对学术要求和研究实践有丰富的经验，可以帮助评估选题的范围和可行性，提供宝贵的指导和反馈。
- 学术交流和反馈：参与学术会议、研讨会和学术圈的讨论，向同行学者和专家介绍自己的选题，并接受他们的评议和反馈。学术交流有助于获取外部的学术认可和指导，确保研究问题符合学术要求。

"假问题"其实在学术界比比皆是，是指不需要进一步证明或论证，答案已经被广泛接受且普遍已知的问题。这样的问题在学术研究中通常被视为已被证明或不需要进一步探索的问题。因为答案已经被确认，所以对这类问题的论证或研究将缺乏学术意义和价值。

假问题还可能缺乏现实意义。这意味着即使假问题的答案存在，它们对实际生活或学术领域的应用和发展也没有实际影响。这些问题可能是纯粹的理论推断或假设，与实际情况相去甚远。由于缺乏现实意义，这些假问题的研究往往难以获得实际应用或为解决实际问题做出贡献。

但你会发现，这样的问题总比没有研究问题的论文强，也相对更容易发表，相信大家在查阅期刊时也会经常看到。但作为研究者，在选择论文选题时还是应该尽量杜绝选择假问题，不论你是否有发表论文或者完成学位论文的压力，都应选择需要深入研究、解答或探索的问题，以推动学术领域的发展和知识的进步。

2.3 研究目的与研究假设

研究目的和研究假设在论文研究中具有重要意义。研究目的有助于确定研究方向和目标，界定研究范围，并提供研究动机和意义。它可以为研究者提供明确的研究导向，使研究更具针对性和深度。而研究假设则引导研究设计，提供验证和验证性依据，推动学术讨论和知识进展。通过提出具体的研究假设，研究者能够验证或支持假设，并为领域的知识积累和发展做出贡献。综合而言，研究目的和研究假设为论文研究提供明确的方向和框架，增强研究的科学性和可靠性，同时推动学术进步。

2.3.1 确定研究目的

论文研究目的是研究者在进行论文研究时所追求的最终目标或意图。它通常是在研究开始阶段确定的，旨在解决特定的问题、填补知识空白、验证假设或推进学术进步。研究目的应该明确、具体，并与研究问题紧密相关。

确定研究目的时，研究者可以遵循以下步骤。

- 研究问题分析：深入理解研究问题的背景、现状和重要性。这有助于确定研究的意义和目的。
- 目标明确化：将研究问题转化为明确、可操作的目标。确保研究目的具有明确的方向、可测量的标准和具体的结果。
- 学术讨论和文献调研：了解相关的学术讨论和前沿研究，以确保研究目的与学术领域的需求和知识进展相一致。
- 问题导向：确保研究目的与研究问题紧密相关，并能够为解决问题提供有益的见解和回答。

正确的研究目的应该具备以下特点。

- 明确和具体：研究目的应该明确表达研究的目标和意图，具备具体可操作性。
- 相关性：研究目的应与研究问题紧密相关，能够解决问题、填补知识空白或推进学术领域的发展。
- 可测量性：研究目的应具备可测量的标准和结果，便于评估研究的进展和成果。

举例如下。

1. 正确的研究目的

选题：社交媒体对青少年自尊心的影响

研究目的：通过调查和分析社交媒体的使用与青少年自尊心之间的关系，增进对青少年心理健康的理解并为干预措施提供依据。

分析：这个研究目的明确指出了研究的目标是探究社交媒体对青少年自尊心的影响机制，即关注社交媒体对青少年自尊心产生影响的具体过程和原因。同时，强调研究的意义是为了增进对青少年心理健康的理解，并提供干预措施的依据，旨在为青少年自尊心问题的预防和干预提供科学支持。

2. 错误的研究目的

选题：社交媒体的优缺点

研究目的：研究社交媒体的优缺点，分享并推广。

分析：研究目的不好的原因是该题目"社交媒体的优缺点"过于宽泛和模糊，没有明确的研究方向和目标。优缺点是一个非常宽泛的主题，可能涉及社交媒体在各个方面的利与弊，缺乏具体的焦点和问题。

为了改进这个研究目的，可以考虑以下几个修改方案。

- 研究某个具体社交媒体平台的优缺点：将研究目的限定在某个特定的社交媒体平台，如"微博的优缺点"或"快手的优缺点"。这样可以使研究更具体，针对性更强，从而对该平台在特定方面的优势和劣势进行深入研究。

- 研究特定用户群体对社交媒体的看法和评价：将研究目的聚焦在特定的用户群体，如"大学生对社交媒体的优缺点看法"或"青少年对社交媒体的评价"。通过调查和分析特定群体的观点和体验，可以更具针对性地了解社交媒体对他们的影响和意义。

- 研究社交媒体对用户特定方面的影响：将研究目的具体到社交媒体对用户某个方面的影响，如"社交媒体对青少年社交互动能力的影响"或"社交媒体对用户情感健康的影响"。这样可以使研究目的更具有针对性，能够更深入地探究社交媒体在特定方面的影响机制和效果。

这些修改方案可以使研究目的更加明确和具体，针对性更强，有助于指导后续研究的设计和数据收集。同时，这些修改方案也使得研究目的更具学术意义和实践价值，为社交媒体相关问题的研究提供更有针对性和深度的见解。

3. 判断研究目的

选题：职场多元化与员工创新能力

研究目的：探究职场多元化对员工创造力的影响。

答案：正确。

分析：探究职场多元化对员工创造力的影响机制，以促进组织创新和发展。这个目的明确指明研究的范围、目标和意图，与研究问题紧密相关。

当然，论文写作时判断研究目的的质量不应该简单地考虑正确与否，而应该是一个综合性的评估。一个高质量的研究目的应该是明确的、相关的、可操作的和可行的，能够为研究工作提供明确的方向和目标，同时具备一定的学术或实践价值。

2.3.2 构建合理的研究假设

研究假设是研究者对研究问题或现象提出的推测或预测性陈述。它是对研究问题的回答或解释的一种假设性陈述，用于指导研究设计和数据收集。研究假设通常基于已有的理论、观察或研究发现，并用来进行实证验证或推论。

研究假设的存在具有以下意义。

- 确定研究方向和目标：研究假设帮助研究者明确研究的方向和目标。它提供了对研究问题的预测或假设，使得研究者能够针对特定的关系、影响或效应进行研究。
- 提供验证和推论的依据：研究假设为研究者提供验证或推论的依据。通过收集和分析数据，研究者可以验证或支持假设，从而得出结论或对研究问题提供更深入的解释。
- 推动学术讨论和知识进展：研究假设有助于推动学术讨论和知识进展。通过提出具体的研究假设，研究者能够就特定问题或现象提供理论性或实证性的见解，并与其他学者共享研究成果，促进学术领域的知识积累和发展。

举例如下。

1．正确的研究假设

选题：社交媒体对青少年自尊心的影响

假设：青少年过度使用社交媒体与自尊心水平下降成负相关。

理由：这个假设基于已有的研究发现和理论，认为过度使用社交媒体可能会导致青少年自尊心的下降。它提出了一个明确的关系，并具备可验证性和解释性。

2. 错误的研究假设

选题：所有人都受到社交媒体的影响

假设：社交媒体对所有人的心理健康都有消极影响。

理由：这个假设过于绝对和泛化，没有考虑个体差异和其他影响因素。事实上，社交媒体对个人心理健康的影响是复杂多样的，不同人群可能会有不同的体验和反应。因此，这个假设不具备可验证性和区分度。

通过正确的研究假设，研究者可以提出明确的预测或假设，为研究工作提供指导和方向。而错误的研究假设则可能过于宽泛或不具备实证验证的可能性，因此缺乏科学性和可靠性。研究者在提出研究假设时，应基于理论、已有研究和实证支持，并注意避免过于绝对或泛化的陈述。

2.3.3 "研究目的与研究假设"与"研究方向和结论"的关系

"研究目的与研究假设"与"研究方向和结论"之间存在紧密的关系,它们相互支持、相互影响。以下是两方面的解释。

"研究目的与研究假设"影响对"研究方向"的确定。研究目的和研究假设在很大程度上决定了研究的方向。研究目的明确了研究的目标和意图,而研究假设提供了对研究问题的预测或推测。它们共同指导研究者选择合适的方法、数据收集方式和分析方法,以达到研究目标并验证或支持研究假设。研究目的和研究假设的明确性及具体性有助于确立研究方向,使研究者能够有针对性地进行深入研究,并为后续的研究工作提供指导。

"研究方向和结论"影响对"研究目的与研究假设"的验证。研究方向和结论是对研究目的和研究假设的验证与回应。研究方向指导研究者的数据收集、实证分析和解释过程,从而形成结论。这些结论可以验证或反驳研究假设,并为研究目的的实现提供依据。研究方向和结论的形成是对研究目的和研究假设的最终回应,通过验证或支持假设,提供对研究问题的深入解释,从而实现研究目的。

因此,研究目的和研究假设为研究方向的确定提供了指导,而研究方向和结论则对研究目的和研究假设进行验证和回应。它们之间形成了一个相互促进的关系,使得研究者能够在论文研究中有明确的方向和目标,并通过实证验证或推论形成结论,为研究问题提供深入的解释和见解。

2.4 研究方法的选择

选择适当的研究方法对于论文写作至关重要,当研究方法选择不当时,会对论文产生一系列负面影响。首先,不适当的方法可能导致数据的不准确和不完整,使研究结果缺乏可信度。其次,选择不当的方法可能与研究目的和研究假设不匹配,导致论文失去焦点和科学支持。此外,不恰当的方法可能带来研究设计的弱点和局限性,影响对问题的全面理解和论证。这些问题共同导致论文写作变得模糊、缺乏学术价值和影响力。因此,合理选择研究方法对论文写作的成功至关重要。适当的方法提供可靠数据和有力支持,确保结果与研究目的一致,并提升学术质量和科学性。研究者在写作过程中应仔细评估和选择合适的方法,确保其与研究问题紧密匹配,并为结论和论证提供充分支持,这样就可以有效提升论文的可靠性、说服力和学术价值。

2.4.1 常见的研究方法

论文写作中可以使用的研究方法有很多,具体使用哪种方法要考虑研究问题的性质、数据可获得性、研究资源和研究者的专业领域等因素。研究者应根据自身研究需求和目标选择合适的研究方法,以保证研究质量和有效性。以下是常见的研究方法及特点,以及使用的论文类型,详见表2-2。

表2-2 论文写作常见的研究方法

研究方法	特点	适用论文类型
实证研究	基于数据收集和分析,验证或推断理论假设	科学研究、实证研究、实证分析、实证评估
文献综述	综合和分析现有文献,总结和评估已有研究	文献综述、综述性论文、文献分析
调查研究	通过问卷、面访等方式收集数据,揭示群体特征和态度	调查研究、横断面研究、群体行为研究
实验研究	控制变量,检验因果关系,验证假设	实验研究、实验设计、实验心理学
个案研究	对特定个体、组织或事件进行深入观察和分析	个案研究、案例分析、个案报告
质性研究	强调对现象的描述和解释,关注社会、文化、主观经验等	质性研究、现象学研究、深度访谈
实证模拟	基于模型和模拟实验,观察和预测实际系统的行为	实证模拟、计算机模拟、系统动力学
发现性研究	探索性研究,挖掘新的观点和理论,启发后续研究	理论探索、新颖研究、新理论的发展

2.4.2 选择研究方法的普遍原则

在选择研究方法时,可以考虑以下原则和因素。

- 研究问题的性质:根据研究问题的性质和目标,确定需要回答的具体问题类型,如描述、解释、验证、探索等。不同的研究问题可能需要采用不同的研究方法进行回答。
- 数据收集和可行性:考虑数据的可获得性和可行性。有些研究方法可能需要大量的数据收集和实验,而另一些方法可能更适合收集现有数据或进行文献综述。

- 研究资源和时间：考虑研究可用的资源和时间限制。某些研究方法可能需要更多的时间、经费和人力资源，而其他方法可能更简便、经济，因此更适合资源有限的研究者。
- 研究领域和学科要求：不同学科和研究领域可能对特定的研究方法有偏好或要求。熟悉相关学科的研究文献和常规做法，了解领域内常用的研究方法，有助于选择合适的方法。
- 研究方法的可靠性和效度：评估研究方法的可靠性和效度，考虑它们是否能够提供准确、可靠的研究结果，并符合学术标准和方法论要求。
- 研究者的专业知识和技能：考虑研究者的专业知识和技能，选择研究方法是否与研究者的背景和能力相匹配。研究者应选择他们熟悉和掌握的方法，或者通过学习能提升自己的方法。

在选择研究方法时，研究者应综合考虑以上因素，并与导师、同行和专家进行讨论和交流，以确定最适合自己研究问题的方法。灵活运用不同的研究方法，结合定性和定量方法，进行混合研究，也是一种有效的选择。最终，选择合适的研究方法将有助于获得准确、可靠的研究结果，并为学术界和实践领域提供有意义的贡献。

2.5 研究目标的明确与初步论证方法

我们在2.3节中学习过如何确定研究目的，有的读者可能会对研究目的和研究目标的理解产生混淆。在论文写作中，研究目的和研究目标是两个相关但不同的概念。研究目的强调研究的意义、动机和总体目标，回答为什么进行这项研究的问题。而研究目标是为了实现研究目的而设定的具体、可操作的目标或任务，回答研究要达到什么样的具体结果或目标。研究目的为研究提供了方向和动力，而研究目标则是实现研究目的的具体衡量标准和实施步骤。在论文中清晰地定义和描述研究目的和研究目标，有助于读者理解研究的动机和目标，并使研究具备明确的导向和可衡量的结果。

2.5.1 明确研究目标

我们可以通过以下6步来明确自己的研究目标。

(1) 确定研究问题：明确你要回答的具体研究问题。研究目标应该与研究问题相一致，帮助你实现对研究问题的解答。

(2) 分解研究问题：将大的研究问题分解成更具体、可操作的子问题或目标。这些子问题或目标应该有助于实现整体研究目标，同时能够量化或具体描述。

(3) 设定可衡量的指标：为每个子问题或目标设定明确的衡量指标或标准，以便评估研究是否达到了目标。这些指标可以是定量数据、观察结果、调查结果或其他可衡量的指标。

(4) 明确实现路径：确定实现每个子问题或目标的具体方法、步骤或计划。这些步骤应该是可操作的，能够指导你在研究中实际进行的工作。

(5) 保持可行性和实际性：确保你的研究目标是可行和实际的，应考虑你的研究资源、时间限制和专业能力。合理地设定目标，避免过于理想化或不切实际的目标。

(6) 清晰地表达：在论文中清晰地定义和描述研究目标，确保读者能够理解你的研究目标和计划。使用明确的语言，将研究目标准确而简洁地表达出来。

值得注意的是，第2步的分解研究问题是明确研究目标的重要一步，只有能够将复杂的研究问题转化为更具体和可操作的子问题时，才能更好地理解和解决整个研究问题，最终提供清晰的研究方向。

要有效地分解研究问题，首先要分析问题的关键要素，然后提出相关的子问题，并逐步细化每个子问题，确保每个子问题与整体研究目标保持一致。子问题之间的逻辑关系也很重要，可以使用适当的工具和方法辅助分解过程，如概念图、思维导图、逻辑树等。这些工具有助于可视化，以及体现研究问题及其子问题之间的关系。通过这样的分解，可以将复杂的研究问题转化为更具体和可操作的子问题，为研究提供清晰的方向和指导，并为进一步的研究工作提供指导和框架。

2.5.2 研究目标的初步论证方法

初步论证可以帮助研究者评估和论证研究目标的合理性和可行性。通过考虑文献综述、逻辑推理、实证证据、专家意见和研究设计可行性分析等方法的结果，可以对研究目标进行初步论证，并为研究的进一步实施提供指导和支持。各类论证方法的优缺点，如表2-3所示。

表2-3 研究目标的初步论证方法对比

初步论证方法	描述	优点	缺点
文献综述	对研究领域的相关文献进行综述，了解已有研究成果和知识空白	- 可帮助确定研究方向的新颖性和创新性 - 提供基础理论和概念支持 - 揭示研究机会和待解决的问题	- 受限于文献的质量和可获得的文献范围 - 可能存在文献报道的偏差或局限性

(续表)

初步论证方法	描述	优点	缺点
逻辑推理	运用逻辑推理和理论论证，构建研究目标与现有理论和已有证据的联系	- 强调研究目标的逻辑合理性和理论基础 - 可帮助揭示研究目标与研究问题的联系 - 提供逻辑上的论证支持	- 依赖于研究者对理论和逻辑的理解和运用 - 结论的有效性取决于前提条件和推理的合理性
实证证据	基于现有的实证研究结果，找到支持研究目标的证据	- 强调研究目标的实证支持和可行性 - 提供现有研究结果的参考和背景 - 增强研究目标的论证力度	- 可能存在研究结果的异质性和矛盾性 - 受限于已有研究的范围和质量
专家意见	咨询领域内专家，获取他们对研究目标的观点和建议	- 提供专业的领域见解和建议 - 增加研究目标的可信度和可行性 - 可帮助发现研究方向的潜在问题和挑战	- 依赖于专家的可用性和意见的一致性 - 可能存在专家意见的主观性和偏见
可行性分析	对研究的数据收集、方法和资源进行可行性分析	- 强调研究目标的实际可行性和可操作性 - 确保研究所需的资源和条件的可用性 - 有助于规划研究的时间和成本	- 可能受限于研究者对可行性分析的经验和能力 - 可能需要权衡研究目标和资源限制之间的折中

这个表格总结了常见的初步论证方法，并列出了每种方法的优点和缺点。要注意，在权衡时间、精力后，这些方法可以选择几个综合运用，进行交叉验证和互补不足，以确保研究方向的合理性和可行性。这样研究者可以避免单一论证方法造成的偏见和局限性，以获取更全面、多角度的支持，增加对研究目标的可信度和说服力。

2.6 样本选择与数据收集

样本选择与数据收集在论文写作中的重要性不可忽视，而如果执行不当，则可能会导致严重的后果。首先，不正确或不具代表性的样本选择可能引发研究结果的偏见，限制研究的普遍适用性和推广性。这可能导致研究结论缺乏可靠性和可信度，无法得出具有一般性的结论。其次，数据收集过程中的问题或错误可能导致数据的不准确性、不完整性或无效性。这可能使得研究结果失去科学性和可信度,无法有效支持或证伪研究假设。这些问题可能包括样本量不足、数据采集方法不当、数据录入错误等,这些都可能导致误导性的结果和不可靠的结论。

因此,研究者在进行样本选择和数据收集时应保持严谨性和科学性。合适的样本选择和数据收集方法能够确保研究结果的准确性、可靠性和有效性。这包括确保样本具有代表性、样本量足够、采集工具和方法有效可靠、数据录入过程准确无误等。通过遵循科学的研究方法和标准,研究者能够最大限度地减少样本选择与数据收集过程中的错误和偏差,保证研究结论的科学性和可信度。

2.6.1 选择合适的样本

选择合适的样本是研究的关键步骤之一,这里我对研究样本进行是否为人类的简单区分,分别给出对应的样本选择建议。

样本为人类时,选择合适的样本的步骤如下。

(1) 定义研究目标和研究问题:明确研究目标和问题,确定你想要回答的具体研究问题,这将有助于指导样本选择过程。

(2) 确定目标人群:确定研究的目标人群或受众群体。这取决于研究问题的性质和研究目的。

(3) 确定样本特征:根据研究目标和问题,确定所需的样本特征,如年龄、性别、教育水平、地理位置等。这些特征应与研究目标和问题的关联性密切相关。

(4) 使用随机抽样:随机抽样是一种常用的样本选择方法,能够提高样本的代表性。通过随机选择样本,尽量减少偏见和选择性的影响。

(5) 考虑样本大小:样本大小应该足够满足研究的需求,以确保统计推断的可靠性。可以通过样本量计算方法或参考类似研究的样本大小来确定适当的样本量。

(6) 考虑可获得性和可访问性:在样本选择过程中,应考虑样本的可获得性和可访问性。如果样本难以获得或难以接触,可能需要考虑替代样本或采用其他方法。

(7) 考虑多样性和广度:在样本选择中,尽量考虑多样性和广度,以涵盖不同的观点、经验和背景。这有助于提高研究结果的适用性和推广性。

(8) 进行样本检验和验证:对选择的样本进行检验和验证,确保样本的准确性和代表性。可以使用统计分析方法来验证样本的有效性。

样本为其他生物、物体等非人类时,选择合适的样本的步骤如下。

(1) 研究对象的特征:明确研究对象的特征,包括动物和其他物体的属性、种类、数量等。根据研究目标和问题,确定研究对象的相关特征。

(2) 确定抽样方法：根据研究对象的特征，选择合适的抽样方法。抽样方法可以包括随机抽样、系统抽样、方便抽样、分层抽样等，以确保样本的代表性和可靠性。

(3) 样本大小和比例：确定样本的大小和比例，以确保样本能够充分代表研究对象的各种特征和变化。样本大小应足够满足研究的需求，并通过合理的比例反映研究对象的分布。

(4) 样本检验和验证：对选择的样本进行检验和验证，以确保样本的准确性和代表性。针对物体样本，研究者可以考虑采集多个来源或代表性样本进行对比和验证。

(5) 采集和记录样本数据：根据研究需要，设计合适的数据采集方法，并记录样本的相关信息。研究者可以使用观察、测量、调查等方法来获取样本数据。

正确的样本选择和数据收集方法对研究结果的准确性、可靠性和有效性至关重要。确保样本具有代表性、足够的样本量、有效可靠的采集工具和方法，以及准确无误的数据录入过程是关键。研究者应遵循科学的研究方法和标准，尽量减少样本选择和数据收集过程中的错误和偏差，以确保研究结论的科学性和可信度。仔细考虑样本选择和数据收集的方法，将有助于提高研究的质量和可靠性，使研究结果更具说服力和推广性。

2.6.2 有效地收集和管理研究数据

如何有效地收集和管理研究数据是确保研究质量和可信度的关键步骤。下述四方面的建议可以帮助你在研究过程中有效地收集和管理数据，这里以研究参与者为人类进行示例。更详细的内容可以跳至本书第4章《数据分析方法》进行提前阅读，这里我们先进行简单的介绍。

1. 数据收集方法

选择合适的数据收集方法是收集可靠和有效数据的首要步骤。根据研究目的和研究问题，可以使用各种方法，如调查问卷、访谈、实验、观察和文献综述等。确保所采用的方法能够直接捕捉所需数据，并具有可重复性和可验证性。此外，使用标准化的数据收集工具和流程，以确保数据的一致性和准确性。

2. 数据采集过程

在数据采集过程中，确保严格遵循研究伦理和隐私保护准则。获取研究参与者的知情同意，并保护他们的隐私和个人信息。使用合适的采集工具和技术，确保数据的准确性和完整性。同时，建立清晰的数据采集流程和时间表，记录数据采集的细节，包括采集地点、时间、参与者的身份等。定期进行数据质量检查，确保数据的可信度和一致性。

3. 数据管理与存储

建立合适的数据管理和存储系统是确保数据安全和可追溯性的关键。在数据收集过程中，确保数据的备份和存储，以防止数据丢失或损坏。为数据建立清晰的标识和命名规则，使其易于管理和检索。同时，采用适当的数据格式和文件类型，确保数据的可读性和兼容性。此外，确保数据的保密性和访问权限，以保护敏感信息和研究参与者的隐私。

4. 数据分析和解释

在数据分析和解释阶段，使用适当的统计方法和数据分析工具对数据进行处理和分析。确保数据的准确性和可靠性，验证数据的完整性和一致性。在解释研究结果时，遵循科学原则，进行客观、准确的解释，避免主观偏见和误导性的解释。在整个过程中，记录和跟踪数据的处理与分析过程，以便重现研究结果并进行后续的验证和审查。

通过有效的数据收集和管理，研究者可以确保研究数据的质量、可信度和可重复性。这有助于提高研究的科学性和说服力，并为后续的研究工作提供可靠的基础。

2.7 章节小结

本章介绍了选题与研究设计的重要性和相关方法。首先，我们探讨了选题的步骤和方法，包括如何记录选题灵感、收集选题和结合个人兴趣选择研究主题。明确选题的过程和常见问题也被详细讨论，以确保研究问题的范围和可行性符合学术要求。

我们进一步讨论了研究目的与研究假设的重要性。通过确定研究目的和构建合理的研究假设，我们能够引导研究方向和结论，为研究提供明确的目标和框架。在研究方法的选择方面，我们探讨了各种研究方法的适用场景和优缺点。了解不同方法的特点和适用性，能够为研究者提供有效的工具，以此解决研究问题。在研究目标的明确与初步论证方法方面，我们帮助研究者确保研究方向的合理性和可行性，明确研究目标并探讨初步论证方法，为研究提供清晰的方向和初步验证的途径。

最后，我们强调了样本选择和数据收集的重要性。学习如何选择合适的样本并有效地收集和管理研究数据，有助于确保研究结果的准确性、可靠性和有效性。建议读者在开始下一章的学习之前，认真完成本章的"章节练习"，这些练习将帮助你对现阶段的选题与研究设计的情况进行反思，并建立初步的自信心。

2.8 章节练习

(1) 你认为最能激发你选题灵感的事情或活动是什么？为什么？

(2) 在选题的收集过程中，有哪些方法可以帮助你获取多样化和相关性强的选题？请一一列举，并附带收集渠道与完成时间。

选题收集方法	收集渠道	计划完成时间

(3) 思考什么是选题明确化？为什么选题明确化对研究的成功至关重要？使用一种选题明确化的方法对你的选题进行判断。

(4) 研究目的和研究假设有何区别？为什么明确研究目的和构建合理的研究假设对于研究的推进至关重要？请尝试写出你的研究目的和研究假设(如果有的话)。

(5) 根据你的研究问题和目标，你会选择哪种研究方法？列举两种研究方法及其适用场景和优缺点，并写出你论文中的具体运用策略。

(6) 在你进行研究样本选择和数据收集的过程中，有哪些因素需要考虑？如何确保样本的代表性和数据的准确性？

第 3 章

文献综述

文献综述在论文写作中扮演着关键的角色。它为读者提供了当前领域内已有研究的概述，并帮助研究人员对现有文献进行批判性评价，同时在文献综述的完成过程中，还可能会对研究人员既有的选题和研究设计产生影响。本章将深入探讨文献综述的各个方面，以帮助读者有效地进行综述工作。

在本章中，我们将介绍文献综述的方法，包括选择适当的文献来源、运用不同的综述方法，以及分析和整合文献内容。我们还将探讨文献搜索和筛选的方法，包括如何进行高效的数据库搜索、选择关键词、利用引文索引和参考文献跟踪等工具。

另外，我们将讨论文献的批判性评价，包括如何评估文献的可靠性、准确性和可重复性，以及如何识别潜在的局限性和偏见。我们还将探讨文献综述的组织结构，包括不同的组织方式和结构类型，以帮助读者编写清晰、有逻辑和连贯的综述文本。

最后，我们将提供一些有关文献综述写作方法和注意事项，以帮助读者撰写高质量的综述。这些方法涵盖了如何概括和综合文献、避免抄袭和不当引用，以及提高综述的可读性和吸引力等方面。

通过阅读本章，读者将能够全面掌握文献综述的重要性和相关的方法。无论是初学者还是有经验的研究人员，都能从本章中获得实用的指导，并在自己的论文中展现出对当前研究领域的深入了解和批判性思维能力。

本章内容如下。

- 文献综述的目标和要求：了解文献综述在研究中的重要作用，以及综述的要求和目标。

- 文献综述的方法：学会选择适当的综述方法、分析方法和整合文献内容的方法。
- 文献搜索和筛选的方法：学习高效的文献搜索策略，包括选择合适的数据库、关键词的使用和筛选文献的方法。
- 文献的批判性评价：探索如何评估文献的可靠性、准确性和存在的局限性，培养批判性思维能力。
- 文献综述的组织结构：了解不同的综述结构类型，包括主题驱动、时间序列和理论框架等，以编写清晰、连贯的综述。
- 文献综述的写作方法和注意事项：提供撰写综述时的方法，如概括和整合文献、避免抄袭和不当引用，并注意综述的可读性和吸引力。

3.1 文献综述的目的和要求

我们经常在一些论文中，看到论文作者在文献综述部分犯错误。通常作者会错误地将文献综述仅视为对已有研究的简单罗列和总结，缺少对研究问题的确定、方法的选择及批判性评价等重要内容。结果，整个文献综述显得肤浅和缺乏深度，无法满足读者对研究背景和文献评估的期望。

所以，正确理解文献综述的目的对于学术研究至关重要。文献综述不仅是对已有研究进行汇总和总结，更重要的是为研究问题的确定、研究方法的选择、研究框架的建立等提供基础和指导。通过深入了解和分析已有文献，研究人员可以在研究中避免重复工作，发现研究领域的研究空白和创新点，并确保研究的科学性和可靠性。

3.1.1 文献综述的常见目的

文献综述具有以下几个常见目的。

- 研究领域的概述：文献综述提供了对特定研究领域内已有研究的全面概述。它帮助读者了解该领域的历史、现状和发展趋势。
- 研究问题的确定：通过对文献的综合分析，研究人员可以确定自己研究的问题，并确定该问题在已有研究中的研究空白和价值。
- 研究方法的评估：文献综述可以评估已有研究中使用的方法，包括研究设计、数据收集和分析方法，帮助研究人员了解不同方法的优缺点，并为自己的研究选择合适的方法提供参考。

- 发现研究趋势和前沿问题：通过分析文献综述中的最新研究，研究人员可以发现当前的研究趋势和前沿问题，从而引导自己的研究方向和思路。
- 批判性评价和综合分析：文献综述要求对已有研究进行批判性评价和综合分析，包括评估研究的可靠性、方法学的合理性，以及研究结果的一致性和可重复性。

综上所述，文献综述的目的是为研究人员提供一个全面的研究背景，帮助他们确定研究问题、选择研究方法，并了解当前研究的发展趋势和前沿问题。

3.1.2 学位论文中文献综述的常见数量要求

不同学位论文对文献综述中综合述评的篇数要求可能有所不同，具体要求通常由学院、导师或学位颁发机构规定。以下是一些常见的参考标准。

- 学士学位论文：对于学士学位论文，通常要求对相关文献进行一定程度的综述，以展示对研究领域的基本了解。具体要求可能在20～30篇，但这取决于学校和学科的要求。
- 硕士学位论文：硕士学位论文的文献综述要求通常更为详尽和全面。一般来说，需要涵盖较广泛的文献范围，并对相关文献进行更深入的批判性评价和综合分析。具体篇数要求可能在50～100篇，也可能更多，具体要求由学校或学院规定。
- 博士学位论文：博士学位论文的文献综述要求非常高，需要展示对研究领域的深入理解和广泛知识。通常需要对大量相关文献进行全面综述，并提供批判性的评价和综合分析。具体篇数要求可能在100篇以上，也可能更多，具体要求由学校、学院或导师规定。

请注意，以上仅为一般参考，实际要求可能因学校、学科、导师偏好及研究领域的特殊性而有所差异。因此，建议在撰写学位论文时与导师和学校的指导教师进行沟通，以了解具体的篇数要求和相关要求。

3.1.3 文献综述的字数要求

文献综述的字数要求因学校、学科和学位级别的不同而有所变化。一般而言，学士学位论文的文献综述为1000～3000字，硕士学位论文的范围为3000～8000字，博士学位论文则要求更详细，通常在8000～20 000字。然而，具体的字数要求应与导师和学校的指导教师进行确认，以确保满足特定学术要求。

3.2 文献综述的方法

选择适当的文献综述方法应根据具体研究情况来决定。传统综述适用于总结和概述特定领域；系统综述适用于回答研究问题和评估方法；综合性综述适用于跨学科整合；纵向综述追踪演变和趋势；横向综述比较异同；理论框架综述应用于理论分析。根据研究领域、问题、论文类型和目的选择适当的方法，可以确保文献综述的质量和有效性，为研究提供基础和指导。

3.2.1 文献综述的常见方法汇总

通过整理，表3-1为大家汇总了常见的文献综述方法。值得注意的是，在实际应用中可能会存在不同方法的交叉和结合。根据研究目的和研究领域的不同，也可以采用其他方法或根据需要进行定制化的文献综述方法。

表3-1 文献综述方法汇总表

方法	描述	差异点	适用的论文类型
传统综述	对已有文献进行总结、分类和概述，重点在于对研究领域的整体了解	以概括为主，强调对文献的归纳和总结	学术论文、综述论文、综合报告
系统综述	采用系统性的方法进行文献搜索、筛选和分析，以回答特定的研究问题	强调系统性和全面性，需明确定义研究问题和严格的搜索与筛选过程	研究论文、科学论文、综合报告
综合性综述	综合多个研究领域的文献，探讨共同主题或问题	着重于跨学科的整合和综合，需要在多个领域中收集和分析文献	跨学科论文、综合报告
纵向综述	以时间为轴，追踪研究领域中的演变和发展	强调对研究领域历史和发展的跟踪，可观察到研究趋势和变化	历史论文、趋势分析、发展报告
横向综述	比较不同研究的异同，探索共性和差异	强调对不同研究之间的比较，找出共性和差异	比较研究、差异分析、对比研究
理论框架综述	基于特定理论框架对文献进行综合分析	着重于理论框架的建立和运用，对文献进行理论分析和解释	理论研究、概念框架、理论评述

(续表)

方法	描述	差异点	适用的论文类型
实证综述	重点在于对已有研究的数据和证据进行汇总和分析	以数据和证据为基础,强调对研究结果的分析和统计	数据分析、实证研究、实证评估
理论和实证综述	结合理论和实证方法,综合分析理论和实证研究	结合理论和实证,强调理论与实践的结合	理论与实证研究、综合评估、综合研究

接下来介绍不同的文献综述方法,通过示例帮助大家更好地理解。

1. 传统综述的示例

本研究的传统综述旨在探讨人工智能在医疗领域的应用。通过对相关文献的归纳和总结,我们发现人工智能在医学图像分析、诊断辅助和治疗决策等方面具有广阔的应用前景。此外,我们概述了不同人工智能技术的优势和限制,并讨论了其在临床实践中的挑战和道德考虑。综合分析表明,人工智能在医疗领域的应用为提高诊断准确性、优化治疗方案和改善医疗结果提供了巨大的帮助。

2. 系统综述的示例

本研究采用系统综述的方法,评估健康教育干预在预防青少年吸烟行为中的效果。通过系统性的文献搜索和筛选,我们纳入了一系列针对健康教育干预的研究,并对其方法学质量和结果进行了评估。结果表明,针对青少年吸烟的健康教育干预可以显著降低吸烟率,增强健康知识和态度,并提高戒烟意愿。然而,干预效果在不同文化背景和干预方式之间存在一定的差异。综合分析表明,定制化和多维度的健康教育干预是预防青少年吸烟行为的关键策略。

3. 综合性综述的示例

本研究的综合性综述旨在整合社交媒体对青少年身心健康的影响。通过综合多个领域的文献,包括心理学、教育学和社会学等,我们揭示了社交媒体在青少年心理健康、社交互动和学业成绩方面的潜在影响。我们发现,社交媒体的使用与青少年的焦虑和抑郁症状之间存在一定的关联,同时对社交技能和学习动力产生了影响。然而,这种影响既受到个体特征的调节,也受到家庭和社交环境的影响。综合分析表明,教育和家庭环境的干预对于帮助青少年有效使用社交媒体、保护心理健康至关重要。

4. 纵向综述的示例

本研究的纵向综述旨在追踪可再生能源领域的发展和趋势。通过分析过去二十年的研究文献，我们发现可再生能源技术在能源生产和环境可持续性方面取得了显著的进展。从早期的太阳能和风能技术到最新的生物质和海洋能技术，我们观察到技术的不断创新和成熟。此外，政策支持和市场推动也对可再生能源的广泛应用起到了重要作用。综合分析表明，未来可再生能源的发展将进一步推动能源转型，减少对传统化石燃料的依赖，并实现可持续发展目标。

5. 横向综述的示例

本研究的横向综述旨在比较不同教学方法对学生学习成绩和动机的影响。通过对实验研究和实证研究的比较，我们发现以问题为导向的学习和传统的直接教学方法在学生的学习成绩和学习动机方面存在差异。问题为导向的学习方法强调学生的主动参与和批判性思维，与传统的直接教学相比，更有助于促进学生的学习动机和提高学习成绩。然而，这种差异也受到学科领域和学生个体差异的影响。综合分析表明，教学方法的选择应考虑学科特点和学生需求，以促进有效的学习成果和学生动机。

6. 理论框架综述的示例

本研究的理论框架综述旨在建立一个概念框架，以探索社会认同在跨文化沟通中的作用。通过整合社会心理学、跨文化研究和交际学领域的文献，我们建立了一个理论框架，解释了社会认同对跨文化沟通中的态度、价值观和互动行为的影响。我们概述了不同文化背景下社会认同的形成过程和变化模式，并讨论了社会认同对跨文化冲突和协调的影响。综合分析表明，理论框架为进一步研究跨文化沟通提供了理论指导和解释框架，同时为实践中促进跨文化理解和合作提供了参考。

7. 实证综述的示例

本研究采用实证综述的方法，对情绪智力与领导力之间的关系进行了综合分析。通过收集和汇总相关研究的实证数据和结果，我们评估了情绪智力在领导力表现中的重要性和影响。结果显示，情绪智力与领导力之间存在显著的正相关，情绪智力的高水平可以提高领导者的情绪管理能力、人际关系方法和团队合作能力。然而，研究也指出情绪智力对领导力的影响可能受到文化和环境因素的调节。综合分析表明，情绪智力在领导力发展和提升中具有重要作用，应该在领导力培训和发展中得到充分的重视和应用。

8. 理论和实证综述的示例

本研究的理论和实证综述旨在整合理论观点和实证研究,以探索工作满意度与员工绩效之间的关系。通过综合分析组织行为学、人力资源管理和工业心理学等领域的文献,我们建立了一个综合性框架,同时考虑了个体特征、工作环境和组织因素对工作满意度和员工绩效的影响。我们发现,工作满意度与员工绩效之间存在正相关关系,而这种关系可能受到多个因素的调节,包括工作特征、领导风格和组织文化等。综合分析表明,通过改善工作满意度可以提高员工的绩效和组织绩效,这对组织管理和人力资源实践具有重要意义。

3.2.2 文献综述的分析整合方法

在进行文献综述时,以下是一些常用的分析方法和整合方法。

- 主题提取和分类:从所收集的文献中提取出主题或关键概念,并对相关文献进行分类。这有助于组织和整合文献,以便更好地了解不同主题或子领域的研究情况。
- 批判性评估和比较:对选定的文献进行批判性评估,评估其方法学的质量和可靠性。比较不同研究的异同之处,包括研究设计、样本规模、数据分析方法等方面。
- 数据提取和总结:从文献中提取关键数据、结果和结论,并进行总结和归纳。这有助于概括已有研究的主要发现和观点,为综述提供支持和论证。
- 理论框架和概念模型:基于已有文献,建立理论框架或概念模型,以解释和整合不同研究之间的关系和发现。通过整合和连接不同理论或概念,形成一个更全面和综合的视角。
- 趋势分析和演化图谱:通过纵向综述或时间序列分析,追踪研究领域的演变和趋势。绘制趋势图、演化图谱或发展框架,可视化展示研究领域的变化和发展路径。
- 基于实证数据的综合:如果文献综述涉及实证研究的数据,可以采用统计方法或元分析来进行数据的整合和综合分析,以获得更具有统计学意义的结论。
- 建立理论衔接或理论创新:通过对已有文献的分析,找出研究中的理论空白或不足,并提出理论衔接或创新的观点。这有助于推动研究领域的进展和理论发展。

通过运用这些分析方法和整合方法,研究人员可以更好地理解、分析和整合已有文献,从而形成更全面和更准确的文献综述。

3.2.3 文献综述的其他方法

进行文献综述时,其他常用的方法和注意事项如下。

- 明确研究目的和问题:在开始文献综述之前,明确研究的目的和问题,这有助于筛选和整合相关文献,并确保综述的焦点和准确性。
- 制定详细的搜索策略:设计一个详细的文献搜索策略,包括选择适当的关键词和使用合适的数据库或文献资源。尽可能全面地搜索相关文献,以获取最全面的信息。
- 批判性评估文献:对选定的文献进行批判性评估,评估其质量、可靠性和适用性。考虑研究方法、样本大小、数据分析等方面,并注意潜在的偏见或局限性。
- 组织文献内容:对文献进行组织,可以按照主题、时间顺序、理论框架等进行分类。确保逻辑结构清晰,条理分明,便于读者理解和跟随。
- 引用和文献标注:准确引用所使用的文献,并在适当的位置进行文献标注。遵循所采用的引用样式规范,确保学术诚信和避免抄袭问题。
- 避免抄袭和不当引用:在文献综述中,避免简单复制粘贴文献内容,而是通过理解和整合文献,用自己的语言进行表达。同时,正确引用并注明文献来源,避免不当引用。
- 写作风格和语言:使用准确、简明和具有学术风格的语言来撰写文献综述。避免使用口语化表达,注重使用学术术语和专业词汇,以确保文献综述的专业性和权威性。
- 审查和修改:在完成文献综述后,进行审查和修改,检查逻辑流畅性、语法错误、格式规范等,确保文献综述的准确性和可读性。

这些方法可以帮助研究人员有效地进行文献综述,并提高综述的质量和学术价值。

3.3 文献搜索和筛选的方法

文献搜索和筛选的过程需要对研究的范围和焦点、数据库和资源的选择、搜索策略的设计、文献筛选的标准,以及研究的前沿和局限性等方面进行思考。这些思考将有助于确保所选文献的质量、准确性,以及与研究问题的匹配度,为整个论文的撰写提供坚实的基础。下面我们针对这些内容详细展开讨论。

3.3.1 明确研究的范围和焦点

研究人员在进行文献搜索和筛选之前和过程中，对研究的范围和焦点的持续思考对整个研究会产生重要影响。在搜索之前先明确研究问题、目标和关注点有助于界定研究范围，提高搜索的效率；同时，在搜索和筛选文献的过程中持续思考范围与焦点，可以引导研究人员调整研究的方向，评估文献的相关性、质量和数量，避免过度分散注意力。这种思考过程对研究的连贯性、准确性和可信度至关重要。

我们可以针对以下几个具体方面进行深入思考。

- 研究问题的明确定义：在进行文献搜索之前，需要明确研究的问题或目标。这包括确定研究领域、主题或主要关注点，并将其转化为明确的研究问题或研究目标。思考研究问题的明确定义有助于界定研究的范围，并确定需要寻找的相关文献。

- 关键词和术语的选择：根据研究问题，需要选择适当的关键词和术语，以在文献搜索中使用。关键词和术语应该涵盖研究问题所涉及的主题与概念，以便能够获得与研究问题相关的文献。思考关键词和术语的选择有助于缩小搜索范围，提高搜索的准确性，在搜索过程中尝试对关键词和术语的替换与优化也是一个不错的选择。

- 研究领域和子领域的界定：在某些情况下，研究问题可能涉及广泛的领域或学科。在这种情况下，需要思考如何界定研究的具体领域和子领域，以便更好地定位相关文献。界定研究的领域和子领域有助于缩小搜索的范围，并集中于特定的研究方向。

- 研究的时间范围：根据研究问题，需要确定所需文献的时间范围。有些研究可能需要关注最新的文献，而另一些研究可能需要涵盖更长时间范围的文献。思考研究的时间范围有助于确定需要搜索的文献的时间范围，以便获取最相关和最新的研究成果。

- 与研究问题相关的领域或学科：研究问题可能涉及多个相关的领域或学科。在进行文献搜索时，需要思考哪些领域或学科与研究问题最相关，并在相应的领域或学科中进行搜索。思考与研究问题相关的领域或学科有助于找到专门研究该问题的文献，提高搜索的精确性和相关性。

值得注意的是，除了搜索文献的相关性和质量，文献搜索的数量过多或过少也会对研究产生负面影响。过多的文献可能导致信息过载，浪费时间和精力，并使论文变得冗长复杂。而过少的文献则可能导致研究结果的片面性和局限性。因此，在进行文献搜索时，研究人员需要平衡选择合适的文献数量。充分而合理的文献搜索能提供全面准确的背景和支持，确保研究的可靠性和可信度，同时避免信息过载和冗长的论文内容。适度的文献数量取决于研究问题的特点、领域深度和研究人员的资源限制。因此，研究人员应谨慎选择文献数量，以确保获得恰当的支持和背景，避免信息过载和片面性。

3.3.2 选择合适的数据库和资源

在进行文献搜索时，需要选择合适的数据库和资源来获取相关文献。这就涉及一个与信息相关的重要名词——信息素养。信息素养是指个体在信息社会中获取、评估、组织、利用和分享信息的能力与素质。这个概念最早由美国教育家保罗·盖德尔(Paul G. Zurkowski)在1974年提出，他定义信息素养为"个人能力的总和，包括获取、评估和使用信息资源的技能、知识和态度"。

信息素养的意义在于帮助个体适应信息爆炸时代的挑战。在现代社会中，信息的产生和传播速度极快，个体面临着大量的信息来源和渠道。信息素养的培养可以使个体更加有效地获取、筛选、评估和应用信息，从而在学习、工作和生活中更加自信和成功。具备良好的信息素养能够帮助个体更好地解决问题、做出决策，并持续学习和适应变化的环境。

信息素养包括多方面的能力和素质，如信息获取能力、信息评估和批判性思维、信息组织和管理、信息利用和创新、信息伦理和安全意识等。这些能力涵盖了从信息搜索和筛选到信息分析与整合的全过程，强调个体在获取和使用信息时的批判性思维、判断力与创造力。

反观论文写作中的信息素养，我们同样会发现，不同的领域和学科可能也会有专门的数据库和资源，因此需要考虑使用哪些数据库来获得最相关和可靠的文献。思考数据库和资源的选择有助于确保获得高质量的文献，并提高研究的可信度。

1. 不可忽略的传统手段

尽管很多传统的搜索方式在某些方面看起来过时，但它们仍然具有重要价值。传统搜索范围和手段与现代在线资源相结合，可以提供更全面、多样的文献和信息，为研究人员提供更广阔的视野和深度。

在数据库和资源的选择中，传统的搜索范围和手段包括以下几种。

- 图书馆目录搜索：传统的搜索方式之一是通过图书馆目录进行搜索，查找图书、期刊和其他印刷媒体资源。这种搜索方式通常使用关键词、主题、作者或标题等搜索项，在图书馆的目录系统中进行查询。对于在校生，学校的图书馆应该作为重要信息来源。

- 学科索引和文摘数据库:学科索引和文摘数据库是专门收录和索引学术期刊、会议论文和报告等学术文献的资源。研究人员可以使用这些数据库来获取与研究问题相关的文献摘要和引用信息,以支持其研究工作。
- 专业协会和组织网站:许多专业协会和组织的网站提供了领域内的资源和文献,包括学术期刊、研究报告、技术指南等。这些网站通常提供搜索功能,帮助研究人员找到与其研究领域相关的高质量文献和资料。
- 专业图书馆和研究机构:一些专门的图书馆和研究机构可能提供特定领域的数据库和资源,以满足研究人员的需求。这些机构通常拥有丰富的专业文献和研究成果,可以为研究人员提供有价值的信息资源。

我们可以发现,传统的搜索范围和手段往往能发现独特的文献资源,因为这些资源未完全转移到在线数据库中,找到它们可以帮助研究人员发现珍贵或不常见的文献。此外,我们还能发现某些学科领域和专业组织提供的特定领域的信息资源,具备很强的专业性和权威性。

传统搜索方式有助于深入挖掘文献和引用,通过追踪引用关系和使用索引工具,研究人员能找到相关文献和研究。综合运用传统搜索和现代在线资源,可以获得更全面、多样的文献资源,提升研究的广度和深度。

2. 网络检索的八步法

在进行论文写作和文献资源搜索时,可以遵循以下步骤,如图3-1所示。

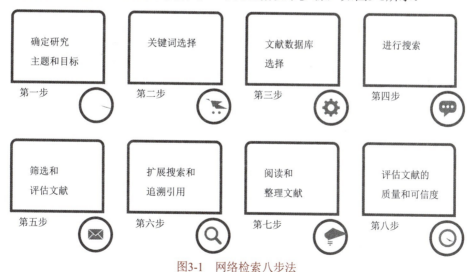

图3-1 网络检索八步法

(1) 确定研究主题和目标。

在论文写作过程中,首先需要明确研究的主题和目标。这意味着要明确你的研究问题、研究领域或研究目的。确保清晰地定义你想要论证或探究的内容,并限定研究的范围和方向。这个步骤的关键是确定研究的焦点和目标，以便在后续的文献搜索和论文写作中更加有针对性地获取和整理相关文献。

假设你的研究主题是关于可再生能源在可持续发展中的应用，那你的目标可能是探讨可再生能源技术的发展现状、可行性和对环境可持续性的影响，记住该主题和目标，进行下一步关键词的选择。

(2) 关键词选择。

在进行文献搜索之前，需要选择与研究主题相关的关键词和术语。这些关键词应该能够准确地描述你的研究内容，并涵盖相关领域的术语和关键概念。关键词的选择应综合考虑研究的主题、领域和相关性。选择合适的关键词能够提高搜索的准确性和相关性，帮助你更快地找到与研究主题相关的文献资源。

选择与研究主题相关的关键词和术语，如"renewable energy(可再生能源)""sustainable development(可持续发展)""renewable energy technologies(可再生能源技术)""environmental impact(环境影响)"等。这些关键词能够准确描述你的研究内容，并涵盖相关领域的术语和关键概念。

这样的关键词选择有助于在文献搜索过程中准确锁定你感兴趣的研究领域，同时方便对相关文献进行筛选和评估。中英文关键词的结合使用，可以在英文文献数据库中找到相关的国际学术研究成果，同时方便进行中文文献的搜索和参考。在研究过程中，你可以根据具体的研究内容和需要，进一步细化和拓展关键词的选择，以获得更准确和全面的搜索结果。

(3) 文献数据库选择。

根据研究的领域和目标，选择适合你的研究领域的文献数据库或学术搜索引擎。国际上常见的学术数据库包括PubMed、IEEE Xplore、Google Scholar等。选择最适合的数据库可提高检索结果的相关性和质量。不同的数据库可能涵盖不同学科领域的文献，具有不同的检索功能和搜索选项。了解和熟悉各个数据库的特点和使用方法，有助于你更加高效地获取和筛选相关文献。

此外，还有一些常见的中文文献数据库可以选择，具体如下。

中国知网(CNKI)：中国知识资源总库，包括学术期刊、学位论文、会议论文、报纸等各类文献资源。

万方数据库：汇集了大量中文学术期刊、会议论文、博硕士论文、专利、报纸等资源，覆盖了多个学科领域。

维普数据库：涵盖了文史哲、经济管理、政治法律、教育科技、医药卫生等多个学科领域的中文学术期刊和会议论文。

中文科技期刊数据库(CQVIP)：涵盖了自然科学、工程技术、农业科学、医药卫生等多个学科领域的中文科技期刊。

根据你的研究领域和需求，选择最适合的中文文献数据库可以帮助你获得更准确和全面的中文文献资源。同时，与英文文献数据库结合使用，可以提供更多来源丰富、多样化的文献支持，促进你的研究深入发展。

(4) 进行搜索。

在选定的文献数据库中使用选定的关键词进行检索。在搜索框中输入关键词，单击"搜索"按钮，文献数据库将返回与关键词相关的搜索结果。可以使用搜索语法和逻辑运算符(如AND、OR、NOT)来组织和精细调整搜索。这些运算符可以帮助你将关键词组合起来，缩小或扩大搜索范围，以满足你的研究需求。

如在IEEE Xplore中输入选定的关键词，如"renewable energy AND sustainable development"，然后单击"搜索"按钮进行检索。IEEE Xplore将返回与关键词相关的工程技术领域的文献结果。

如在选择的中文文献数据库中，可以使用适当的搜索语法和逻辑运算符来组织和精细调整搜索。以下是一些中文搜索语法和逻辑运算符的示例。

- 使用引号("")进行精确匹配：将关键词用引号括起来，可以进行精确匹配。例如，搜索"可再生能源"将返回包含该词组的文献，而不是单独包含"可"和"再生能源"的文献。

- 使用AND进行与逻辑运算：使用AND将多个关键词连接起来，可以进行与逻辑运算，确保搜索结果同时包含这些关键词。例如，搜索"可再生能源 AND 可持续发展"将返回同时包含这两个关键词的文献。

- 使用OR进行或逻辑运算：使用OR将多个关键词连接起来，可以进行或逻辑运算，扩大搜索范围，返回包含其中任意一个关键词的文献。例如，搜索"太阳能 OR 风能"将返回包含太阳能或风能的文献。

- 使用NOT进行排除：使用NOT排除特定关键词，确保搜索结果不包含该关键词。例如，搜索"可再生能源 NOT 生物能源"将返回包含可再生能源但不包含生物能源的文献。

- 使用括号(())进行逻辑运算的优先级控制：使用括号可以调整逻辑运算的优先级，确保搜索结果满足预期的逻辑关系。例如，搜索"(可再生能源 OR 可持续能源) AND 发展"将返回同时包含可再生能源或可持续能源，并且包含发展的文献。

通过合理运用这些搜索语法和逻辑运算符，可以更精确地组织和调整你的文献搜索，获取符合你研究主题和目标的相关文献资源。请注意，在使用特定数据库时，还需参考该数据库提供的搜索帮助和指南，了解更多特定的搜索语法和逻辑运算符的使用方式。

(5) 筛选和评估文献。

根据搜索结果的相关性和质量，对搜索结果进行筛选和评估。首先，可以通过阅读摘要、标题和作者等信息来初步判断文献的相关性。然后，可以仔细阅读选定文献的全文，评估其质量、可靠性和适用性。关注文献中的研究方法、实验设计、结果和结论等方面，以确保文献的可信度和与研究主题的关联性。

(6) 扩展搜索和追溯引用。

根据需要，可以使用引文索引、相关文献推荐或作者追溯等功能来扩展搜索范围，并追踪和评估引用文献的重要性和可靠性。引用文献通常会提供与你的研究相关的其他重要文献和研究成果。追溯引用可以帮助你了解某篇文献被其他研究者引用的情况，以评估其影响力和学术价值。

(7) 阅读和整理文献。

仔细阅读和理解选定的文献，并提取与你的研究相关的信息和观点。了解文献中的理论框架、方法、实验设计、结果和结论等方面，以便整合到你的论文中。将有用的文献和引用信息进行记录和整理，包括作者、标题、出版信息和引文等。这样可以为后续的论文写作提供方便和准确的引用来源。

(8) 评估文献的质量和可信度。

对所选的文献进行评估，考虑文献来源的学术声誉、作者的资质和机构的可信度。确保所引用的文献是可靠、权威的，并符合学术规范。查看文献的来源、作者的学术背景和研究机构的声誉等信息，有助于评估文献的质量和可信度。

通过遵循这些详细的步骤，你可以更有条理地进行论文写作和文献资源搜索。这有助于发现相关的文献资源，并为你的论文提供有力的支持和引证依据。每个步骤都有助于确保你的文献搜索是系统、全面的，并能够满足研究的要求和学术规范。

3. 主要的网络信息源

当涉及文献综述的网络信息源时，可以按照以下分类方式进行。

(1) 参考数据库。

参考数据库是一种重要的信息源，提供了文摘、引文和参考文献等信息。它们帮助研究人员快速了解文献的背景和相关性，从而更好地定位适合自己研究的文献资源。除了国际上常见的Web of Science和Scopus，还有很多中文的参考数据库可供选择。

- 中国知网(CNKI)：作为中国最大的学术文献库之一，CNKI包括广泛的学术期刊、学位论文、会议论文、报纸等资源。它涵盖了各个学科领域的研究成果，并提供了文献的摘要和引用信息。

- 万方数据库：万方数据库是中国领先的综合性学术资源平台之一，拥有大量中文学术期刊、学位论文、会议论文等。研究人员可以通过万方数据库快速查找相关领域的文献信息，并获取文献的摘要和引用信息。

(2) 全文数据库。

全文数据库是研究人员获取完整研究论文的重要途径，其中包含各个学科领域的学术期刊、会议论文和学位论文等。除了国际上的PubMed、IEEE Xplore和ScienceDirect等，国内还有一些中文全文数据库可以供选择。

- 中国期刊全文数据库(CJFD)：CJFD收录了中国核心学术期刊的全文，覆盖了广泛的学科领域。研究人员可以通过CJFD获取中文期刊的完整内容，深入了解相关研究领域的最新发展。

- 中国学术期刊全文数据库(CNKI学术期刊)：CNKI学术期刊是CNKI旗下的学术期刊全文数据库，涵盖了众多中文学术期刊的全文。研究人员可以在CNKI学术期刊中获取中文学术期刊的完整论文内容，进行深入研究和综述。

(3) 事实数据库。

事实数据库提供了特定领域、主题或类型的事实和数据资源，有助于支持文献综述中的实证分析和背景信息。除了全球性的Statista和CIA World Factbook等，中文事实数据库也是获取相关领域数据的重要来源。

- 中国数据网(China Data Online)：China Data Online是一个汇集了中国官方和经济统计数据的数据库。研究人员可以在该数据库中获取中国经济、社会、人口、环境等方面的数据，用于支持文献综述中的实证研究和数据分析。

- 国家统计局数据库：国家统计局数据库提供了中国官方的经济、社会和人口统计数据。研究人员可以利用该数据库获取官方发布的各类统计数据，深入了解相关领域的发展和变化。

(4) 电子期刊。

电子期刊是在线提供的学术期刊资源，涵盖了各个学科领域的研究论文和学术资讯。除了英文的Elsevier、SpringerLink和Wiley Online Library等，中文电子期刊也提供了丰富的学术资源。

- 中国科技期刊数据库(CQVIP)：CQVIP是中国科技期刊的综合性数据库，涵盖了自然科学、工程技术、农业科学、医药卫生等多个学科领域。研究人员可以在CQVIP中获取中文科技期刊的最新研究成果和学术发表。

- 维普中文期刊数据库(VIP)：VIP数据库收录了包括文史哲、经济管理、政治法律、教育科技、医药卫生等多个学科领域的中文学术期刊。研究人员可以利用

VIP数据库获取中文期刊中的学术研究成果和领域知识。

(5) 电子图书。

电子图书是在线提供的图书资源，涵盖了各个学科领域的专业书籍、参考书和教材等。除了Google Books和ProQuest Ebook Central等，中文电子图书平台也提供了丰富的学术资源。

- 中国国家图书馆数字图书馆：中国国家图书馆数字图书馆是中国最大的图书数字化项目之一，提供了大量的中文图书资源。研究人员可以在该平台上查找并获取中文图书的电子版本，以便进行深入的学术阅读和研究。
- 读秀学术搜索：读秀学术搜索是一个提供中文学术图书的全文检索平台。研究人员可以通过该平台查找并访问中文学术图书的电子版本，进行综合性的文献综述和学术研究。

(6) 其他资源。

除上述分类外，还有其他类型的资源可以用于文献综述。例如，专业网站和学术组织的网站提供了学科领域内的专业信息和资源。预印本服务器和学术社交平台提供了尚未正式出版的研究成果与学术交流平台。通过综合利用这些分类中的不同网络信息源，可以获得丰富和多样化的文献资源，为文献综述提供充分的支持和参考。然而，在使用这些网络信息源时，需要审慎评估资源的质量和可靠性，确保所引用的文献具有学术可信度。

通过表3-2的对比可以发现，这些不同的数据源在类型和内容上有所差异，研究人员可以根据自己的研究需要选择合适的数据源进行文献搜索和综述。

表3-2 文献信息源对比表

数据源	定义	差异
参考数据库	包含各种学术和非学术资源的索引和引用信息，如作者、标题、摘要等	提供文献的引用信息，但不一定包含全文内容
全文数据库	提供完整的文献全文，包括文章的内容、图表和附件等	文献的全文内容可直接访问和下载，方便阅读和引用
事实数据库	专注于提供统计数据、实证研究和实际案例等实证信息	提供各种数据、统计和实证研究，可支持学术研究和实践应用
电子期刊	数字化形式的期刊，包含期刊的文章、期刊目录、作者信息等	提供期刊中的文章和相关信息，可按期刊、卷期或关键词进行检索
电子图书	以电子格式提供的图书，包含图书的全文内容、章节和索引等	提供图书的全文内容，可在线阅读和检索图书中的章节和特定信息
其他资源	涵盖各种非传统类型的资源，如学位论文、会议论文、技术报告、专利等	提供不同类型的资源，丰富了文献综述的多样性和信息来源

3.4 文献的批判性评价

评估文献的可靠性、准确性和局限性对研究具有重要意义。它增强了研究的可信度,避免了误导和错误,提供了全面的视角,并强化了学术质量。通过评估文献的可靠性和准确性,研究人员可以确定所依据的信息是否可信,从而提高研究的可信度。同时,评估文献的局限性有助于获得全面的视角,识别研究领域的知识空缺和研究需求。

3.4.1 评估文献的可靠性、准确性和存在的局限性

评估文献的可靠性、准确性和存在的局限性是进行文献综述时至关重要的步骤。以下是几个常用的评估因素。

- 来源可靠性:评估文献的来源是判断其可靠性的关键。可以考虑文献的作者、机构、期刊或出版商的声誉和专业性。权威的学术期刊、学术机构和研究机构通常提供可靠和准确的文献。
- 方法学质量:关注文献中所述的研究方法是否严谨可靠。评估研究的样本大小、实验设计、数据收集和分析方法等。方法学的缺陷是可能会影响研究结果的准确性和可信度。
- 引用和参考文献:查看文献中引用的其他文献,并评估这些引用的可靠性和重要性。引用的高质量文献通常能够为原文提供更可靠的支持和依据。
- 重复研究:查找是否有其他研究对文献中的结果进行了复制和验证。重复研究的存在可以增加文献的可靠性和准确性。
- 学术讨论和评论:寻找关于该文献的学术讨论、评论和评价。这些讨论可以对文献质量和存在的局限性提供更深入的了解。

在评估文献时,也要注意文献的局限性。文献可能受到研究对象、样本限制、研究方法等方面的局限。此外,文献可能存在出版偏差或作者的偏见等问题。了解文献的局限性有助于更准确地解释和使用文献的研究结果。只有进行全面评估,才能更好地理解文献的质量和适用性,并在文献综述中准确引用和解释相关文献。

3.4.2 持续发展批判性思维

许多研究者缺乏批判性思维,这可能导致一系列严重后果。首先,缺乏批判性思维意味着研究者可能过于盲目地接受和信任现有观点和结论,而不去主动质疑和审视。这种从众思维会限制创新和新的发现,阻碍科学研究的进步。

同时，缺乏批判性思维可能导致对研究方法和数据的不充分评估。研究者可能未能充分考虑方法的可靠性和有效性，忽视数据的局限性和偏见。这可能导致研究结果的不准确性和不可靠性，影响科学的可信度。

更严重的是，缺乏批判性思维可能导致对其他观点和证据的排斥。研究者可能倾向于仅寻找与自己观点相符的文献和数据，忽视其他可能存在的解释和证据，导致研究结论的片面性和偏颇性。

最后，缺乏批判性思维会大大削弱学术交流和合作的质量。若研究者缺乏对他人观点的开放性和批判性思考，则很难进行深入的学术讨论和有效的合作，从而限制学术界的发展和知识的共享。

持续发展自己的批判性思维需要注意以下几点。

首先，研究者应该时刻保持开放的思维态度，不论是在工作、学习还是生活中，都要保持一个愿意接受不同观点和挑战的心态。尝试积极主动地提出问题，努力探索事物多个角度的解释，不轻易接受表面的答案，保持追求深入理解和解决问题的途径。

其次，积极培养信息素养，提升对信息的辨别和分析能力。正如我们在前文提到的，学会评估来源、内容和可信度，了解信息收集和分析的基本原则，以更好地识别和评估文献、数据和观点的可靠性。

再次，持续进行自我反思和自我评估。反思自己的思维方式和偏见，检视自己的观点和推理是否合乎逻辑和准确性。定期进行自我评估，寻找改进的空间和机会。

最后，积极参与批判性阅读和学术讨论。培养批判性阅读习惯，学会提出问题、分析论点和证据，挑战作者的观点，与他人进行讨论和辩论，以加深理解和展开思维的对话。通过这些方法和实践，研究者一定可以持续发展和加强批判性思维能力，最终实现较高的学术素养和研究水平。

3.5 文献综述的组织结构

常见的文献综述可以采用以下几种组织结构。

- 主题驱动结构：按照主题或研究问题对文献进行分类和组织。每个主题都有相应的子节或段落，便于读者理解和跟踪不同主题下的文献综述。
- 时间顺序结构：按照文献的出版时间或研究的历史顺序对文献进行组织。这种结构可追溯和展示研究领域的发展历程，突出不同时期的研究进展和变化。
- 方法或理论驱动结构：按照不同的研究方法或理论框架对文献进行组织。这种结构可突出不同方法或理论在研究领域中的应用和贡献，帮助读者了解和评估不同方法的优缺点。

- 概念框架结构：基于一种概念框架对文献进行组织。这种结构通过概念之间的关系和联系，将文献综述构建为一个逻辑一致的整体。
- 混合结构：根据具体的研究目的和需要，可以结合上述不同的组织结构进行综合运用。例如，将主题驱动结构和时间顺序结构相结合，以同时展示不同主题下的研究进展和时序变化。

在选择文献综述的组织结构时，需要根据研究目的、领域要求和读者需求进行合理的设计和安排。合适的组织结构能够帮助读者理解和获取相关信息，清晰地呈现文献的内容和脉络，并提供一个有序和逻辑的框架。

文献综述的框架可以根据具体的研究目的和内容而有所差异，但一篇完整的文献综述通常包含以下几部分。

- 引言：引入研究领域和研究问题，概述文献综述的目的和重要性，提出研究的主要观点和假设。
- 理论框架或概念定义(或概述)：介绍相关的理论框架、概念或关键术语，并解释其在研究领域中的意义和作用。
- 文献综述主题1：对特定主题下的相关文献进行综述，包括先前研究的关键发现、观点和争议。可以按照时间顺序、主题分类或其他适当的组织结构来组织文献。
- 文献综述主题2：如有必要，对另一个相关主题下的文献进行综述，重复第3步的操作。可以根据研究需求选择适当的主题。
- 综合分析和讨论(目前研究的不足或空白)：在整个文献综述的基础上，进行综合分析和讨论，提取共性和差异点，指出存在的研究空白和挑战，并探讨可能的未来研究方向。
- 结论：总结文献综述的主要发现和观点，强调研究的重要性和潜在贡献，并提出研究的局限性和建议。
- 参考文献：列出在文献综述过程中引用的所有参考文献。

需要注意的是，这只是一个框架示例，具体的文献综述框架应根据研究领域、研究问题和研究目的进行适当的调整和扩展。文献综述的框架应具有逻辑性和连贯性，能够清晰地呈现文献的内容和脉络，支持研究的目标和论证。

3.6 文献综述的写作方法和注意事项

文献综述应该是客观、全面和有条理的,甚至可以追求更好的可读性和吸引力,旨在为读者提供有价值的信息和洞察力。保持批判性思维,始终关注研究问题,并对文献进行准确和全面的评估是撰写优秀文献综述的关键。

3.6.1 概括和整合文献

要更好地概括和整合文献,首先需要进行仔细的阅读和摘要记录。对于每篇选定的文献,要仔细理解其中的关键观点、研究方法、结果和论证。在摘要中,提取文献的要点,并记录相关的引用信息,以便在写作过程中进行快速回顾和引用。这样可以为文献综述提供一个概览,帮助你更好地理解整体结构。

其次,通过分析和比较不同文献之间的共同点和差异,将其整合到一起。寻找文献之间的关联性和相关性,并根据主题、观点或方法进行分类和组织。使用逻辑过渡词语和句子,确保文献综述的各部分之间有清晰的连接。在整合过程中,保持批判性思维,评估文献的可靠性、准确性和局限性,以及它们对研究问题的贡献。通过整合,文献综述能够呈现出一个有条理、有逻辑的结构,为读者提供一个清晰的脉络,帮助他们理解和理顺相关文献的内容。

3.6.2 增加综述的可读性和吸引力

为了增加文献综述的可读性和吸引力,首先可以使用简洁明了的语言和表达方式。避免使用过于复杂或专业化的术语,尽量使用通俗易懂的语言来传达观点和概念。使用简短的句子和段落,避免冗长和啰唆的叙述方式。通过简洁明了的语言,让读者能够轻松理解文献综述的内容,并抓住重点信息。

其次应当注重文献综述的组织和结构。确保文献综述具有明确的引言、主体和结论部分,并使用过渡句和段落来保持整体结构的连贯性。使用标题和子标题来划分段落和主题,帮助读者快速浏览和导航文献综述的内容。在进行逻辑推理和观点阐述时,确保逻辑清晰,信息层次分明。

最后,应当特别注意文献引用和参考文献的规范性。确保准确引用并标注来源,遵循所采用的引用风格指南,如《中国学术期刊国际标准序列号(CNKI-GB/T 7714-2015)等。提供准确和完整的参考文献列表,以便读者能够进一步查阅相关文献。这样可以增强文献综述的可信度和学术性,并帮助读者深入了解研究领域。

3.6.3 避免抄袭和不当引用

为了避免抄袭和不当引用，在文献综述中需要采取一系列措施。首先，始终坚持诚实和道德原则，避免直接复制他人的文字，而是用自己的语言总结和概括文献内容。其次，确保正确引用和归属，准确标识所使用文献的引用信息，并提供完整的参考文献列表。同时，要注重批判性思维，发展独立观点，并对文献中的观点进行客观讨论。最重要的是，保持诚实和透明，避免误导读者或隐藏引用来源，确保文献综述的学术诚信和质量。这些措施有助于构建一个准确、诚实、透明且有独立思考的文献综述。

3.7 章节小结

本章对文献综述的目的和要求，文献综述方法的选择，文献搜索和筛选的方法，文献综述的批判性评价，以及综述的组织结构和写作方法进行了全面的介绍。相信通过本章的学习，读者可以了解文献综述在研究中的重要作用，以及对综述的要求和目标，掌握选择适当的综述方法，学会如何运用分析方法来整合文献内容，提高文献搜索和筛选的效率，评估文献的可靠性和局限性，并最终完成清晰连贯的综述。

另外，本章还着眼于提高文献综述的可读性和吸引力。我们带领读者学习了如何概括和整合文献，避免抄袭和不当引用，并注意综述的结构和组织。通过运用这些写作方法和注意事项，相信你能够撰写出更具吸引力和可读性的文献综述。最后嘱咐大家，本章节的练习十分重要，请务必认真完成。

3.8 章节练习

(1) 思考并列举出一至三个你正在关注的研究领域或主题，针对每个主题，尝试阐述其可能的文献综述目的和要求。

(2) 选择一个研究主题，利用适当的文献搜索策略和方法，列出至少五个相关文献，并解释你选择这些文献的原因。

(3) 选取一个特定的研究问题或主题，使用至少两种不同的文献综述方法，比较它们的优缺点并解释为什么选择这些方法。

(4) 从已经收集的文献中选择一篇进行批判性评价。评估该文献的可靠性、准确性和存在的局限性，并提出你对该文献的观点和批判。

(5) 根据给定的研究主题，设计一个合理的综述结构，并根据该结构编写一个段落，概括和整合相关文献的主要观点和发现。

(6) 根据本章所学内容，完成你正在写作的论文的文献综述。

第 4 章

数据分析方法

　　数据分析是科学研究和学术论文写作中不可或缺的一个环节。它可以帮助我们理解数据的本质、发现数据之间的关系,并从中得出结论。本章将介绍一些重要的数据分析方法,以帮助读者有效地收集、处理和解读数据,并将分析结果以清晰、准确的方式呈现出来。

　　在数据分析的过程中,第一步是数据的收集和处理。这包括确定研究目标、设计数据采集方法、选择样本和收集数据的工具。通过明确的数据收集步骤,可以确保数据的质量和可靠性。接下来,数据需要进行处理,包括数据清洗、缺失值处理和异常值检测等。这些步骤对于确保数据的一致性和准确性至关重要。

　　一旦数据收集和处理完成,下一步便是进行统计分析和结果解读。描述性统计分析是对数据进行总结和描述的方法,它通过计算平均数、中位数、标准差等统计量来描述数据的分布和特征。推论性统计分析则是通过从样本中得出结论来推断总体特征的方法,其中包括参数估计和假设检验等技术。正确解读统计分析结果对于得出准确的结论和支持研究假设至关重要。

　　除了基本的统计分析方法,高级的数据分析技术也是非常有用的工具。因子分析、回归分析和聚类分析等方法可以帮助揭示数据背后的潜在结构、变量之间的因果关系及数据的分组模式。这些方法可以进一步深入研究数据,提供更全面和深入的分析结果。

　　最后,数据可视化在数据分析中起着重要的作用。通过图表、图形和图像等形式将数据可视化,可以帮助我们更好地理解数据、发现模式和趋势,并与他人共享分析结果。选择适当的图表类型,设计清晰、简洁的图表,以及运用布局、颜色和注释等方法来美化图表,都是有效展示数据分析结果的关键。

通过学习本章的内容，读者将能够全面了解数据分析的方法，掌握数据收集、处理和解读的基本步骤，以及图表选择、设计和展示的要点。这将有助于提升读者在论文写作和科学研究中的数据分析能力，并使他们能够以更加准确、清晰和有说服力的方式呈现研究结果。

本章内容如下。

- 数据收集和处理的步骤：了解如何进行有效的数据收集和处理，确保数据质量和可靠性。
- 统计分析和结果解读：学习常用的统计分析方法，以及正确解读统计分析结果的方法，从数据中得出准确的结论。
- 描述性统计分析：掌握描述性统计量的计算和应用，以总结和描述数据的分布和特征。
- 推论性统计分析：了解推论性统计分析的基本原理，包括参数估计和假设检验，用于从样本中推断总体特征。
- 因子分析、回归分析与聚类分析：介绍高级的数据分析技术，如因子分析、回归分析和聚类分析，揭示数据背后的潜在结构和变量之间的关系。
- 数据可视化的重要性：认识数据可视化在数据分析中的重要性，通过图表、图形和图像等形式帮助理解数据、发现模式和趋势。
- 图表类型选择与设计原则：学习选择适当的图表类型，并掌握图表设计的基本原则，确保图表清晰、简洁、准确。
- 使用图表展示数据分析结果：了解如何有效地使用图表展示数据分析结果，包括标签、标题、轴标尺和图例的设计。
- 图表的编排和美化方法：掌握图表的编排和美化方法，提高图表的可读性和吸引力，包括布局设计、颜色选择和注释添加等方面。
- 常用的数据分析软件：介绍常见的数据分析软件，帮助读者选择适合自己需求的工具，并熟练运用其功能进行数据分析。

4.1 数据的收集和处理

在数据收集和处理过程中，常见错误包括缺乏明确的研究目标和设计、选择不具代表性的样本、忽视数据质量问题、过度或不充分的数据处理、忽视数据的背景和上下文、忽视数据保护和隐私、不进行数据验证和验证、缺乏透明度和文档记录。为避免这些错误，应先熟悉数据收集和处理过程中的常见步骤的操作要点，确保数据的质量和可靠性。

4.1.1 数据收集和处理的常见步骤

数据收集和处理是进行有效数据分析的关键步骤。以下是常见的数据收集和处理步骤。

1. 确定研究目标

明确研究的目的和问题，确定所需的数据类型和范围或确定要探索的关键变量或了解特定群体的行为。例如，如果研究目标是了解消费者购买决策的影响因素，关键变量可能包括价格、品牌声誉和产品特性。

2. 设计数据采集方案

根据研究目标选择合适的数据采集方法，如问卷调查、实地观察或实验设计。例如，如果想了解员工对公司文化的感受，可以选择进行面对面的访谈或在线调查。

3. 制定调查问卷或测量工具

设计和编制能够收集所需数据的问卷、调查表或测量工具，确保问题的准确性和完整性。例如，如果研究目标是衡量客户满意度，可以设计一个包含关于产品质量、服务质量和价格等问题的调查问卷。

4. 选择样本

根据研究目标和采集方法，选择代表性的样本，以便能够对整体进行推断。例如，在进行市场调研时，可以从目标市场中随机选择一定数量的参与者作为样本。

5. 数据收集

根据设计的方案和工具，开始进行数据收集。这可以包括面对面访谈、在线调查、实验记录等。

6. 数据清洗和整理

对收集到的原始数据进行清洗和整理，包括处理缺失值、异常值，进行数据格式转换和归一化等。例如，删除问卷中的重复记录或对缺失值进行插补。

7. 数据验证和验证

对数据进行验证，确保数据的准确性和一致性。验证可以包括双重数据输入、逻辑检查和与原始数据源的对比等。例如，进行双重数据输入，将相同的数据由两个独立的操作员分别输入，然后比较两组数据是否一致。

8. 数据分析

应用适当的统计方法和分析技术对数据进行分析，揭示数据之间的关系、模式和趋势。例如，使用描述性统计分析计算平均值、标准差和频率分布，或使用回归分析来探索变量之间的关系。

9. 结果解读和推断

对数据分析结果进行解读和推断，根据研究问题回答，得出结论并提出相关的建议。例如，基于数据分析的结果，得出某个广告活动对销售增长产生积极影响的结论，并提出加大广告投放的建议。

10. 文档记录和存储

对数据收集、处理和分析过程进行详细的文档记录，并妥善存储数据和相关文件，以备将来的参考和验证。例如，保存问卷调查的原始数据、清洗后的数据集，以及分析报告和解释文件。

4.1.2 确保数据的质量和可靠性

确保数据的质量和可靠性是数据收集和处理过程中的关键步骤。以下是一些方法和措施，可以帮助确保数据的质量和可靠性。

- 设计合理的数据收集方案：在开始数据收集之前，明确定义研究目标，并设计合理的数据收集方案。确保选择适当的数据采集方法和工具，以满足研究目标。
- 选择代表性的样本：确保样本具有代表性，能够反映目标人群或总体的特征。使用随机抽样或其他合适的抽样方法来选择样本，以减少偏倚的可能性。
- 制定明确的数据收集准则：在数据收集过程中，制定明确的数据收集准则和标准操作程序(SOP)，确保数据的一致性和标准化。提供清晰的说明和指导，以减少操作员的主观判断。
- 实施数据验证和验证：在数据收集过程中，进行数据验证和验证步骤，以确保数据的准确性和一致性。检查数据的完整性、一致性和逻辑性，并与原始数据源进行比对，以确认数据的准确性。
- 处理缺失值和异常值：对于存在缺失值或异常值的数据，采取适当的处理方法。可以选择插补缺失值或剔除异常值，但需要进行适当的论证，并记录处理过程和原因。
- 进行数据清洗和校对：在数据收集完成后，进行数据清洗和校对的步骤。检查数据的一致性、正确性和完整性，确保数据的质量。

- 使用可靠的数据分析工具和技术：在进行数据分析时，使用可靠的数据分析工具和技术，确保结果的准确性和可信度。熟练掌握所使用工具的操作方法和数据分析技术，避免错误和误解。
- 记录和文档化数据处理过程：建立透明度和记录文档的习惯，记录数据收集和处理的步骤、方法和决策。这样可以使其他人能够重现和验证数据处理过程，并提高数据的可靠性和可信度。

通过采取上述措施，研究者可以增加数据的质量和可靠性，并确保从数据中得出准确和可信的结论。

4.2 统计分析和结果解读

统计分析和结果解读在数据分析中具有重要作用。统计分析通过应用统计方法和技术，揭示数据的关系、模式和趋势，从中得出结论。结果解读将统计分析的结果转化为有意义的见解和推断，将数据与研究问题和领域知识相结合，形成准确、合理的解释。统计分析和结果解读有助于深入理解数据，并为科学研究、决策制定和推动进步提供可靠的支持。

4.2.1 常用的统计分析方法

常见的统计分析方法如下。

- 描述性统计分析：用于总结和描述数据的分布和特征，包括计算平均数、中位数、标准差、百分比等统计量。
- 推论性统计分析：通过从样本中得出结论来推断总体特征的方法，包括参数估计和假设检验。常用的推论性统计分析方法包括置信区间估计和显著性检验。
- 相关分析：用于研究变量之间的相关性。常见的相关分析方法包括皮尔逊相关系数和斯皮尔曼相关系数。
- 回归分析：用于探索变量之间的因果关系，并进行预测和解释。常见的回归分析方法包括线性回归、多元回归和逻辑回归等。
- 方差分析：用于比较两个或多个组之间的差异，并确定差异是否显著。方差分析方法包括单因素方差分析和多因素方差分析。
- t检验：用于比较两个样本均值是否存在显著差异，包括独立样本t检验和配对样本t检验。

- 卡方检验:用于检验观察频数与期望频数之间的差异,适用于分类变量的比较。
- 生存分析:用于分析事件发生的时间和概率,常用于生命表分析和生存曲线分析。
- 聚类分析:用于将相似的观测值划分为群组或类别,以发现数据的内在结构和模式。
- 因子分析:用于探索变量之间的潜在结构和因素,以简化数据集和发现变量之间的关联。

以上是最常见的统计分析方法,但仍有很多统计方法未列其中。每种方法都有不同的应用场景和适用条件,研究者应根据研究问题和数据类型的特点,选择合适的统计分析方法对数据进行深入研究和解释,如表4-1所示。

表4-1 分析方法对比表

分析方法	描述	适用研究类型或论文类型
描述性统计分析	总结和描述数据的分布和特征	所有类型的研究和论文
推论性统计分析	从样本中推断总体特征的方法	实证研究、调查研究、统计学研究
相关分析	研究变量之间的相关性	调查研究、实证研究
回归分析	探索变量之间的因果关系,并进行预测和解释	实证研究、社会科学研究、经济学研究
方差分析	比较两个或多个组之间的差异	实验研究、社会科学研究、医学研究
t检验	比较两个样本均值是否存在显著差异	实验研究、调查研究
卡方检验	检验观察频数与期望频数之间的差异	调查研究、医学研究
生存分析	分析事件发生的时间和概率	医学研究、流行病学研究
聚类分析	将相似的观测值划分为群组或类别,发现数据的内在结构	数据挖掘研究、市场研究、社会网络分析
因子分析	探索变量之间的潜在结构和因素,简化数据集	社会科学研究、心理学研究、教育研究

4.2.2 正确解读统计分析结果的方法

正确解读统计分析结果是确保研究结论准确性和可靠性的重要步骤。以下是一些指导原则,可以用来帮助正确解读统计分析结果。

- 理解统计指标:熟悉所用统计指标的含义和解释,如均值、标准差、相关系数或回归系数。应正确了解这些指标如何反映数据的特征和关系。
- 考虑显著性水平：根据显著性水平来评估结果的统计显著性。通常，显著性水平(通常为α)设定在0.05或0.01，取决于研究领域和研究者的要求。
- 了解置信区间：对于参数估计，考虑置信区间的范围。置信区间提供了一个区间估计，表示参数真实值可能存在的范围。
- 结果与研究问题对应：将统计分析结果与研究问题和假设相对应。确保结果解释与研究目标一致，避免超范围解读或违背逻辑的结论。
- 考虑实际意义：将统计结果与实际意义联系起来。考虑结果的实际影响、实用性和可解释性，以确保结论的可靠性和相关性。
- 全面考虑结果：不仅关注单个统计指标，还要综合考虑其他相关的结果和上下文信息。考虑结果的一致性和共同趋势，以获得更全面的结论。
- 谨慎评估局限性：意识到统计分析的局限性，并评估结果可能存在的偏差、误差和限制。谨慎考虑可能的解释和替代解释。
- 与领域知识结合：将统计分析结果与领域知识相结合，利用专业知识和背景进行结果的解读。领域专家的参与可以提供更深入的见解和合理的解释。

正确解读统计分析结果需要综合考虑统计指标、显著性水平、置信区间、研究问题和实际意义等因素。结合领域知识，谨慎评估结果的局限性，并将结果解读与研究目标和假设相统一，以确保准确性、可靠性和可解释性。

4.3 描述性统计分析

描述性统计分析是对数据进行总结和描述的过程，用于揭示数据的分布、集中趋势和变异程度等基本特征。而推论性统计分析则侧重于从样本中推断总体特征，以实现对总体的推广和估计。这两种方法在数据分析中相辅相成，帮助研究者全面了解和解释数据。

4.3.1 描述性统计分析介绍

描述性统计分析是对数据进行总结和描述的一种统计方法，其目的是通过统计量和图表等手段来揭示数据的分布、集中趋势和变异程度，帮助研究者对数据有一个直观的了解。

具体进行描述性统计分析的步骤如下。

(1) 计算中心趋势：计算数据的平均数(均值)、中位数或众数，用来描述数据的集中趋势。

(2) 计算离散程度：计算数据的标准差、方差或四分位数间距等，用来描述数据的变异程度。

(3) 绘制图表：绘制直方图、条形图、折线图等图表，用来展示数据的分布和趋势。

(4) 分析百分比：计算百分比、频率或比例等，用来了解数据的构成和分布情况。

描述性统计分析的优势首先是简单直观，描述性统计分析方法简单易懂，结果直观，非常适合对数据进行初步探索和总结。其次是可以提供概括信息，通过描述性统计分析，可以快速了解数据的整体情况，帮助研究者对数据有一个全面的了解。

描述性统计分析的弊端通常是缺乏深入解释，描述性统计分析仅提供数据的概括信息，对数据的背后原因和关系没有深入解释，无法进行推断。描述性统计分析不能用于对总体进行推断，只能对样本或数据本身进行总结。

描述性统计分析适用的研究类型或论文类型如下。

- 数据探索性分析：描述性统计分析在数据探索阶段非常有用，可以帮助研究者初步了解数据的特点和趋势。
- 报告和综述论文：在论文中提供对研究数据的整体描述和概括，可以帮助读者快速了解研究数据。
- 调查研究：在调查研究中，描述性统计分析可以对调查数据进行概括和总结，得出频率分布和数据构成。
- 横断面研究：描述性统计分析可以用来描述横断面研究的样本特征和基本统计指标。

描述性统计分析是一种简单而有效的统计方法，适用于对数据进行初步总结和探索，为后续更深入的分析提供基础。然而，需要注意的是，描述性统计分析不能用于推断总体，而且在解释数据背后的原因时，需要借助其他更复杂的分析方法。

4.3.2 描述性统计分析案例解析

当涉及描述性统计分析时，我们可以考虑一个简单的例子：某个班级学生的成绩数据。

假设我们有一个班级的学生成绩数据，包括30位学生的数学成绩。我们想要对这些成绩进行描述性统计分析。

首先，我们可以计算学生的平均数、中位数和标准差。假设学生的数学成绩如下所示。

85, 90, 78, 92, 88, 76, 80, 85, 95, 92, 89, 84, 88, 82, 79, 81, 90, 92, 87, 85, 90, 86, 88, 91, 85, 83, 90, 88, 84, 89

通过计算，我们得出以下结果。

平均数：86.6

中位数：87

标准差：4.95

接下来，我们可以绘制一个直方图来显示成绩的分布情况。直方图将成绩范围划分为一系列的区间，并显示每个区间中有多少个学生，如图4-1所示。

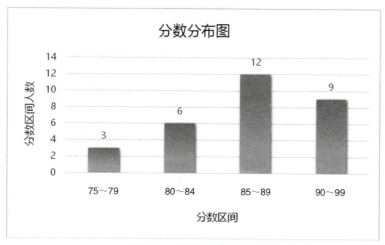

图4-1　成绩分布直方图

通过直方图，我们可以看到大多数学生的成绩集中在80～90。除了直方图，描述性统计分析还可以使用以下几类图形来呈现数据。

1. 折线图(line plot)

折线图适用于显示数据随时间或有序类别变化的趋势。对于这个案例中的学生成绩数据，我们可以按照学生的排名(如从最低分到最高分)绘制折线图，以观察成绩的整体变化趋势。

步骤如下。

将学生成绩数据按照从小到大的顺序排列。

绘制折线图，其中x轴表示学生的排名，y轴表示对应排名的学生成绩。

2. 箱线图(box plot)

箱线图可以显示数据的中位数、四分位数及异常值。它是观察数据的分布情况和离群值的一种有效方式。

步骤如下。

绘制箱线图，其中箱子表示数据的四分位数，中间线表示中位数，上下须表示数据的范围，异常值则是超出范围的数据点。

3. 散点图(scatter plot)

散点图用于显示两个变量之间的关系，如果我们有多个科目的成绩数据，可以用散点图来展示学生在两门科目之间的相关性。

步骤如下。

如果有多个科目的成绩数据，选择两个科目作为 x 轴和 y 轴的变量。

绘制散点图，其中每个点表示一个学生的成绩，x 轴对应一门科目成绩，y 轴对应另一门科目成绩。

4. 饼图(pie chart)

饼图适用于显示分类数据的占比情况。如果我们将成绩分为若干等级(如优秀、良好、及格、不及格)，可以用饼图来显示每个等级的学生人数占总人数的比例。

步骤如下。

统计每个成绩等级的学生人数。

绘制饼图，每个扇区表示一个等级，扇区的大小表示该等级学生人数在总人数中的占比。

对于这个特定的案例，由于只有一个科目的成绩数据，故而散点图和饼图可能不是很适合。以上这些图表和统计指标可以提供对研究数据的直观了解和概括。通过描述性统计分析，我们能够快速了解数据的中心趋势、离散程度和分布情况，从而为后续的分析和解释提供基础。

4.3.3 绘制直方图的步骤

如何绘制上面的直方图，这里提供在Excel或WPS表格(两个软件操作方法基本相同)里绘制的详细步骤。当你读到这里时，如果对绘制的操作还不熟悉，建议可以停下来，在电脑中进行实操以熟练掌握。

绘制直方图步骤如下。

在 WPS 表格中绘制直方图的步骤与在 Excel 中类似，因为 WPS 表格提供了类似的功能和界面。下面是在 WPS 表格里绘制直方图的详细步骤。

假设你已经在 WPS 表格中创建了一个包含学生成绩数据的列。我们将学生成绩数据放在 A 列，从单元格 A2 开始，依次向下排列。数据如下。

A	
---------	79
85	81
90	90
78	92
92	87
88	85
76	90
80	86
85	88
95	91
92	85
89	83
84	90
88	88
82	84
	89

现在，按照以下步骤绘制直方图。

步骤 1：计算频率分布

首先，我们需要计算学生成绩的频率分布，即每个区间内有多少位学生。可以使用 COUNTIFS 函数来实现。假设我们将区间宽度设置为 5 分，创建以下区间范围。

区间1：[75～79]

区间2：[80～84]

区间3：[85～89]

区间4：[90～94]

在 B 列，从单元格 B2 开始，依次输入这些区间的下限。

B

75
80
85
90

在 C 列，从单元格 C2 开始，输入以下公式来计算每个区间内的学生数量。

C2: =COUNTIFS($A$2:$A$31, ">="&B2, $A$2:$A$31, "<="&(B2+4))

将该公式填充至 C5 单元格，注意C5要统计90～100分内的学生数量。

步骤 2：创建数据表格

接下来，我们需要创建一个数据表格，其中包含频率分布的数据。在 E 列和 F 列中，输入以下数据。

E	F
75～79	3
80～84	4
85～89	12
90～94	9

步骤 3：绘制直方图

现在，我们已经准备好数据表格，可以绘制直方图了。按照以下步骤进行。

选中 E 列和 F 列的数据，包括表头。

点击菜单栏中的"插入"选项卡。

在图表区域，选择"图表"图标，然后选择"统计图表"中的"柱形图(或直方图)"。

此时，你应该看到绘制的直方图已经在WPS表格中显示出来了。根据之前的频率分布数据，WPS表格将会生成相应的直方图，每个区间的柱子高度表示该区间内的学生数量。

步骤 4：添加坐标轴标签和标题

为了让直方图更具可读性，我们可以添加坐标轴标签和标题。按照以下步骤进行。

(1) 单击直方图上的任意柱子，使其选中。

(2) 单击菜单栏中的"图表工具"选项卡。

(3) 在"标签"区域，单击"数据标签"图标，然后选择"内部数据标签"选项。此时，每个柱子上将显示相应的学生数量。

(4) 单击菜单栏中的"图表工具"选项卡。

(5) 在"图表标题"区域，单击"图表标题"图标，然后选择"以上水平居中显示"选项。

(6) 输入标题，如"学生成绩分布直方图"。

步骤 5：调整图表样式

你还可以调整直方图的样式，如颜色、网格线等，使其更符合你的喜好和需求。

这样，你就成功在 WPS 表格中绘制了学生成绩的直方图，它将清楚地显示成绩的分布情况，并帮助你更好地了解学生的表现。

不同类型的图表绘制方法多种多样，这里以直方图的绘制为例，抛砖引玉，其他类型的图表请大家在有需要的情况下自行查阅绘制方法。

4.3.4 统计学中常用的描述性统计指标

平均数、中位数和标准差是统计学中常用的描述性统计指标，用于衡量数据集的中心趋势和离散程度。

平均数(mean)：平均数是数据集中所有数值的总和除以数据个数，用来表示数据集的中心位置。计算平均数的步骤是将所有数值相加，然后除以数据个数。

例如，对于数据集 {2, 5, 8, 11, 14}，平均数 = (2 + 5 + 8 + 11 + 14) / 5 = 8。

中位数(median)：中位数是将数据集中的所有数值按照大小排列后，位于中间位置的数值。当数据集的个数为奇数时，中位数就是位于中间位置的数值；当数据集的个数为偶数时，中位数为中间两个数的平均值。

例如，对于数据集 {2, 5, 8, 11, 14}，中位数为 8；而对于数据集 {2, 5, 8, 10, 11, 14}，中位数为 (8 + 10) / 2 = 9。

标准差(standard deviation)：标准差是数据集中数值偏离平均数的平均程度，用来表示数据的离散程度。标准差越大，表示数据的离散程度越高；标准差越小，表示数据的离散程度越低。

计算标准差的步骤包括：计算每个数值与平均数的差值，然后将这些差值平方，再求平方差值的平均值，最后取平均值的平方根。

例如，对于数据集 {2, 5, 8, 11, 14}，首先计算平均数为 8，然后计算每个数值与平均数的差值的平方并求平均得到 $((2-8)^2 + (5-8)^2 + (8-8)^2 + (11-8)^2 + (14-8)^2) / 5 = 10.4$。最后取平均值的平方根，即标准差 = $\sqrt{10.4} \approx 3.23$。

除此之外，在统计学中，其他常用的描述性统计指标还包括以下类型。

- 众数(mode)：数据集中出现频率最高的数值，用于表示数据的典型值。
- 极差(range)：数据集中最大值与最小值之间的差异，用于表示数据的离散程度。
- 方差(variance)：标准差的平方，表示数据偏离平均数的平均平方程度。
- 四分位数(quartiles)：将数据集按大小分成四等分的值，用于描述数据的分布情况。
- 百分位数(percentiles)：将数据集按大小分成百等分的值，用于描述数据的分布情况。

- 偏度(skewness)：描述数据分布的偏斜程度，即数据分布是否向左或向右偏斜。
- 峰度(kurtosis)：描述数据分布的陡峭程度，即数据是否集中在中心位置。

这些描述性统计指标可以帮助人们了解数据的整体特征、分布情况和离散程度，对于数据分析和研究非常有用。

4.4 推论性统计分析

推论性统计分析是一种通过从样本中得出结论来推断总体特征的统计方法。推论性统计分析的目标是基于样本数据，对总体数据的特征、关系或差异等进行推断和估计。

4.4.1 推论性统计分析介绍

通过推论性统计分析，研究者可以从样本中推断出总体的一些性质，并对研究问题进行一定程度的一般化。

具体进行推论性统计分析的步骤如下。

(1) 确定研究问题和目标：明确研究问题，并确定需要推断或估计的总体特征。

(2) 收集样本数据：从总体中随机抽取样本，并收集相关数据。

(3) 使用统计方法：根据研究问题的性质和数据类型，选择合适的统计方法进行推断性分析，如置信区间估计或假设检验。

(4) 进行推断或估计：根据样本数据和所选的统计方法，进行总体特征的推断和估计。

(5) 解释结果：将推断或估计的结果解释为总体的特征，并对研究问题进行回答或结论。

推论性统计分析具备可推广性，通过推论性统计分析，研究者可以从有限的样本数据推断出总体的特征，实现对总体的推广。推论性统计分析还具备有效性，可以在样本数量相对较小的情况下得出可靠的结论。

推论性统计分析存在一定的偏差和误差，推论性统计分析的结果可能受到抽样误差和抽样偏差的影响，导致结果的不准确性。需要有假设前提，推论性统计分析通常需要依赖一些假设前提，当这些假设不满足时，结果可能失效。

推论性统计分析适用研究类型或论文类型如下。

- 调查研究：在调查研究中，通过推论性统计分析可以对样本数据进行推断和估计，从而了解总体的特征。

- 实验研究：在实验研究中，推论性统计分析可以帮助评估处理效应的显著性和差异性。
- 统计学研究：在统计学研究中，推论性统计分析用于验证统计模型和假设。
- 社会科学研究：在社会科学研究中，推论性统计分析可以用于研究人口统计学数据和关系。

推论性统计分析通过从样本中推断总体特征，实现对总体的估计和推广。它在各种研究类型和论文类型中都有广泛的应用，可以帮助研究者得出可靠的结论和解释。然而，需要注意推论性统计分析的结果受到样本选择和假设前提的影响，必须谨慎对待和解释结果。

4.4.2 推论性统计分析案例解析

以下通过一个直观的例子来解释推论性统计分析。

假设一个电商公司想要推断其网站上新设计的广告横幅是否能够显著提高用户的点击率。为了进行推断，他们随机选择了一部分用户作为实验组，展示新设计的广告横幅，而将另一部分用户作为对照组，继续展示原来的广告横幅。然后，记录每组用户的点击率。

实验组(新设计广告)点击率：30%

对照组(原设计广告)点击率：20%

通过推论性统计分析，他们可以进行假设检验，比较两组之间的差异是否显著。假设检验的结果显示，实验组的点击率显著高于对照组，且p值为0.01(显著水平设定为0.05)。因此，他们可以推断新设计的广告横幅显著提高了用户的点击率。

通过假设检验，得出实验组点击率显著高于对照组的结论。这是推论性统计分析在实际问题中的应用示例，通过样本数据推断总体的特征，并做出决策或结论。

4.4.3 统计学中常用的描述性统计指标

在统计学中，常用的推论性统计指标具体如下。

- 置信区间(confidence interval)：用于对总体参数进行估计，表示参数估计的范围。置信区间可以表达估计值的不确定性，通常以置信水平表示(如95%置信水平)。
- 假设检验(hypothesis testing)：用于检验总体参数是否满足某个假设条件。通过收集样本数据，对总体参数进行推断，判断样本结果是否显著地不同于假设。
- P值(p-value)：假设检验中的重要统计量，表示样本数据支持或反对原假设的程度。P值越小，表示样本数据越支持对立假设。
- 回归系数(regression coefficients)：用于回归分析，表示自变量对因变量的影响大小。回归系数可以帮助理解自变量和因变量之间的关系。

- 显著性水平(significance level)：用于确定假设检验的阈值，表示拒绝原假设的临界点。通常使用0.05作为显著性水平，表示5%的显著性水平。
- 标准误差(standard error)：用于测量样本统计量估计的精确程度。标准误差越小，样本统计量估计越精确。
- 相关系数(correlation coefficient)：用于衡量两个变量之间的线性相关程度。相关系数的范围在-1到1之间，-1表示完全负相关，1表示完全正相关，0表示无相关。
- 卡方检验(chi-square test)：用于比较观察值与期望值之间的差异，通常用于分析分类数据的关联性。

这些推论性统计指标在统计学中广泛应用于各种研究和数据分析中，可以帮助研究者从样本数据推断总体特征和进行统计推断。

4.5 因子分析、回归分析与聚类分析

"描述性分析"和"推论性分析"是数据分析常见的两个主要方向，而"因子分析""回归分析"和"聚类分析"是在这两个方向下具体的统计方法，下面进行具体介绍。

- 因子分析是一种统计方法，用于研究多个变量之间的相关性，以确定是否存在潜在的共同因子。它试图将多个观测变量解释为较少数量的潜在因子，从而简化数据的解释和理解。因子分析适用于探索变量之间的内在结构，并帮助识别潜在的影响因素。
- 因子分析举例：假设我们有一组关于健康生活方式的调查数据，包括每天锻炼时间、蔬果摄入量和睡眠质量。通过因子分析，我们可能会发现这三个变量都受到一个"健康生活方式"因子的影响，该因子代表着个体的整体健康状况。这样，我们可以将原始的三个变量简化为一个潜在因子"健康生活方式"。
- 回归分析是一种用于研究变量之间关系的统计方法，特别是用于预测一个或多个因变量的值。它探索自变量与因变量之间的线性关系，并用数学模型来描述这种关系。回归分析适用于建立预测模型和理解变量之间的影响关系。
- 回归分析举例：假设我们想预测房屋的销售价格。我们收集了一些相关变量，如房屋的面积、卧室数量、地理位置等，并将它们作为自变量。销售价格作为因变量。通过回归分析，我们可以建立一个数学模型，描述这些自变量与销售价格之间的关系，从而预测未来房屋的销售价格。

- 聚类分析是一种用于将数据集中的观测对象分组成具有相似特征的群组的统计方法。它不依赖于先验假设,而是通过相似性度量,将观测对象划分为不同的簇。聚类分析适用于发现数据中的隐藏模式和结构,并帮助识别不同群组的特征。
- 聚类分析举例:假设我们有一个顾客数据集,其中包含了顾客的消费行为,如购买金额、购买频率等。通过聚类分析,我们可以将顾客划分为几个群组,每个群组代表一类消费者,如"高消费者群组""低消费者群组""频繁购买群组"等。这样,我们可以更好地了解不同类型的消费者,并制定相应的营销策略。

这里提供一个简单的表格,见表4-2,用于对比因子分析、回归分析和聚类分析的描述、特点、优缺点和适用范围。

表4-2 因子分析、回归分析和聚类分析对比表

分析方法	描述	特点	优点	缺点	适用范围
因子分析	研究变量间的相关性,寻找共同因子	用于降维和简化数据,揭示潜在结构	- 可简化数据,减少变量之间的冗余信息 - 可帮助理解潜在因素的结构和关系	- 结果解释有主观性 - 需要对因子进行解释 - 对数据依赖性较强	社会科学、心理学、市场研究等
回归分析	研究变量间的线性关系,预测因变量	用于预测和解释因变量的变化	- 可预测和解释因变量的变化 - 易于理解和解释回归系数	- 仅适用于线性关系 - 可能存在多重共线性	经济学、商业管理、社会科学等
聚类分析	将数据对象分组为相似的簇	用于发现数据中的隐藏模式和结构	- 可发现数据中的群组结构 - 无须预先定义类别或标签	- 结果受初始条件和相似度量方法影响 - 结果不稳定	数据挖掘、市场细分、模式识别等

4.6 数据可视化的重要性

数据可视化的重要性在于它能够将抽象的数据转化为直观的图形和图表,使人们更容易理解、分析和解释复杂的数据集。一篇有很多数据可视化内容的文献能够通过图表和图形直观地展示数据,使读者更容易理解和分数据。而另一篇没有任何数据可视化内容的文献可能会让读者难以把握数据的趋势和关联,从而降低数据理解的效率。以下是数据可视化几个重要性方面的详细解释。

- 增强理解和洞察力：数据可视化通过可视化图表和图形的形式，将数据的模式、趋势和关联呈现给观众。人们通常更容易通过图表来理解数据，尤其是当数据量庞大时，直观的可视化图形有助于让人们快速捕捉到数据的关键信息和趋势，从而加深对数据的理解和洞察力。

- 支持决策和战略制定：在面对复杂的数据时，数据可视化可以帮助决策者更快速、更准确地做出决策。可视化图表和图形提供了直观的数据展示，使决策者能够更好地理解数据的含义和趋势，从而做出更明智的决策和更正确地制定战略。

- 传达信息效果更佳：相比于冗长的文字和数字报表，数据可视化更具吸引力和说服力。图表和图形通过视觉方式传达信息，更容易吸引观众的注意力，并使数据更具生动性。可视化不仅可以用于内部数据传递，还可以用于外部向客户或公众传达信息，增加沟通的效果和影响力。

- 发现隐藏模式和趋势：数据可视化能够揭示数据中的隐藏模式和趋势。通过图表和图形的展示，人们可以更容易发现数据中的规律和关联，尤其是在大规模数据集中。发现隐藏的模式和趋势对于做出准确的预测和分析非常重要。

- 快速识别异常和问题：通过数据可视化，人们可以快速识别数据中的异常和问题。图表和图形的变化可以帮助发现潜在的异常值、不一致性或错误，从而及时采取行动，纠正问题，保证数据的质量和可靠性。

- 增加与观众的互动：交互式数据可视化使观众能够与数据进行实时交互和探索。观众可以通过自定义参数或选择感兴趣的数据子集来深入了解数据。这种互动性可以提高观众的参与度和对数据的理解，同时增加了数据展示的趣味性和吸引力。

数据可视化在数据分析、业务决策和信息传达中都具有重要的地位和作用。通过将数据可视化，人们可以更好地理解和利用数据，从而做出更明智的决策，并向他人传达数据的意义和价值。在当今信息爆炸的时代，数据可视化成为从海量数据中获取有用信息的关键工具之一。

4.7 图表类型选择与设计原则

图表选择的方法和设计原则是确保图表能够有效传达数据信息、易于理解和美观的重要指导。

4.7.1 图表选择方法

以下为常见的图表选择方法。

- 目标明确：确定图表的目的和传达的信息，根据数据类型和目标选择最适合的图表类型。
- 数据类型：确定数据类型(如时间序列、分类数据、连续数据)，根据数据类型选择合适的图表类型，如折线图、柱状图、散点图等。
- 比较和显示关系：要比较数据的大小、趋势或显示变量之间的关系，选择合适的图表类型，如柱状图、折线图、散点图等。
- 部分和整体：要展示数据的部分和整体关系，可以选择饼图、堆叠图等。
- 多维度：要展示多个维度数据的关系，可以选择雷达图、气泡图等。
- 地理位置：要展示地理位置数据的分布，可以选择地图或热力图。

4.7.2 图表设计原则

以下为常见的图表设计原则。

- 简洁明了：精简图表元素，避免过多无关信息，使图表易于理解。
- 标签清晰：坐标轴标签、数据标签和图例要清晰明了，方便读者理解数据。
- 颜色使用：使用清晰明了的颜色，避免过多颜色混杂，保持一致性。
- 数据一致性：图表中的数据要与原始数据保持一致，不要进行误导性处理。
- 避免3D效果：避免过多使用3D效果，以免干扰数据的解读。
- 数据标记：在散点图、气泡图等中添加数据标记，帮助读者更好地理解数据。
- 标题和说明：提供清晰简明的标题和图表说明，帮助读者理解图表内容。
- 合适尺寸：图表尺寸要适合展示环境，避免过小或过大。
- 无误导：图表设计要避免误导性元素，确保图表客观准确。

通过合理选择和精心设计图表，我们可以有效地传达数据信息，提升数据可视化的效果和效率，帮助读者更好地理解和分析数据。

4.7.3 常见的图表类型

表4-3列举了常见的图表类型、选择图表的要点，以及图表设计的考虑因素。

表4-3 常见图表类型对比表

图表类型	描述	选择要点	设计考虑因素	图表示例
折线图	用于显示数据随时间或顺序的趋势和变化	数据有序且变化频率较高	坐标轴标签清晰，线条颜色和样式易区分，添加数据标记	
柱状图	用于比较不同类别的数据大小	数据有明确的分类	条形的宽度和间距适中，标签清晰，颜色明确	
饼图	用于显示各部分占整体的比例	需要展示数据的百分比	强调饼图的主要部分，避免使用过多分组	
散点图	用于显示两个变量之间的关系	探索变量之间的关联	点的大小和颜色表现第三维度信息，添加趋势线	
气泡图	用于显示三个变量之间的关系	强调数据的三维度信息	气泡大小和颜色表现第三维度信息，坐标轴标签清晰	
条形图	用于显示两个变量之间的关系，类似于散点图	数据有明确的分类	条形的宽度和间距适中，标签清晰，颜色明确	
雷达图	用于比较多个变量在不同方向上的表现	需要同时比较多个变量的表现	线条颜色和样式易区分，角度和半径标签清晰	

(续表)

图表类型	描述	选择要点	设计考虑因素	图表示例
热力图	用于显示两个类别数据的交叉分布	了解两个类别变量之间的相关性	颜色明确，添加数据标签和色标	
箱线图	用于展示数据的分布和异常值	发现数据的离群值和分布情况	确定离群值的阈值、箱线图的宽度和间距适中	
地图	用于显示地理位置数据的分布和变化	数据包含地理位置信息	地图投影、色阶、标签位置和颜色	
漏斗图	用于显示数据在不同阶段的变化和转化情况	强调数据在不同阶段的变化	漏斗颜色渐变，标签位置清晰，添加数据标记	
堆叠图	用于比较多个类别的数据在总体中的占比	强调数据的部分和整体关系	确保堆叠图的百分比总和为100%，颜色明确	

选择图表类型要根据数据的性质、所要传达的信息及受众的需求来决定。设计图表时要注意图表的可读性、易懂性和美观性，确保图表能够清晰地传达数据信息，帮助读者快速理解和分析数据。

4.8 使用图表展示数据分析结果

图表作为数据可视化的工具，能够提高数据分析和传递信息的效率，帮助读者更好地理解数据，做出准确的判断和决策。图表不仅仅是展示数据的手段，更是一种有效的沟通工具，可以使数据分析结果更加形象。

4.8.1 使用图表展示数据分析结果的优势

使用图表展示数据分析结果有许多优势，其中一些重要优势如下。

- 直观易懂：图表能够将抽象的数据转化为直观的视觉形式，使数据分析结果更易于理解和解释，帮助读者快速获取信息。
- 信息密度高：通过图表，可以同时展示多个数据点和变量之间的关系，提供更多信息，节省文字叙述的篇幅。
- 有效比较：图表能够将数据进行可视化对比，显示数据之间的差异和趋势，帮助快速识别重要信息。
- 识别趋势：折线图、趋势图等能够显示数据的发展趋势和变化规律，帮助发现潜在的模式和规律。
- 准确传递信息：图表能够准确地传达数据信息，避免了由文字描述可能产生的误解和歧义。
- 视觉冲击：吸引人的图表设计和可视化效果能够引起读者的兴趣和关注，提高信息的吸引力。
- 提升沟通效率：图表能够以简明扼要的方式传递数据分析结果，提高信息沟通的效率。
- 支持决策：图表能够帮助决策者更好地理解数据和趋势，为决策提供可靠的数据支持。
- 跨文化传播：图表是一种通用的信息传递方式，不受语言和文化的限制，有利于跨文化传播。

4.8.2　使用图表展示数据分析结果的弊端

使用图表展示数据分析结果虽然有很多优势，但也存在一些弊端，具体如下。

- 误导性图表：不恰当的图表设计可能会误导读者，从而使读者产生错误的理解和结论。
- 信息过载：过多的数据和复杂的图表可能导致信息过载，读者难以从中获取关键信息。
- 缺乏上下文：图表往往只能展示数据的一部分，缺乏数据的背景和上下文信息，使得解读有时不够全面。
- 图表选择错误：不恰当的图表类型可能无法有效传达数据信息，反而增加了理解的困难。
- 视觉设计不当：不合理的颜色、尺寸和样式选择可能使图表难以阅读，影响信息传递。
- 难以理解：对于不熟悉图表的读者，图表可能难以理解，需要额外的解释。
- 数据不准确：图表的数据来源可能存在错误或不准确，影响分析结果的准确性。
- 忽略细节：某些图表类型可能会忽略数据的细节，导致关键信息被掩盖或忽略。
- 主观解读：图表的解读可能受到观察者主观因素的影响，导致不同人对同一图表有不同理解。

为了避免这些弊端，使用图表展示数据分析结果时应该注意合理选择图表类型、精心设计图表样式、提供必要的背景和上下文信息，并提供清晰明了的图表解释。此外，应尽量避免过于复杂的图表和数据过载，以确保图表的有效传达和理解，具体的设计原则可以回看章节4.7.2"图表的设计原则"。

4.9　图表的编排和美化方法

图表的编排和美化在数据可视化中非常重要，它增强了图表的可读性和吸引力，突出重点数据，减少混淆，传达专业形象，提高信息传递效率，简化解释，创造视觉冲击，增加共鸣，使数据更具说服力和影响力。

图表的编排和美化是数据可视化过程中两个不同但相关的方面。

- 图表编排：图表的编排指的是图表元素的布局和组织方式，包括图表的排列、大小、位置、间距等。良好的图表编排可以使数据呈现更清晰、有序，有助于读者更好地理解图表内容。编排关注的是整体结构和布局，使图表能够在不产生混淆的情况下有效传递信息。

- 图表美化：图表的美化指的是对图表进行美观的设计和装饰，包括颜色选择、线条粗细、字体样式等。通过图表美化，可以提升图表的视觉吸引力和表现力，使数据更具吸引力，读者更容易被吸引并愿意花更多时间阅读图表。

虽然图表的编排和美化是两个不同的方面，但它们都对最终的数据可视化效果产生重要影响。合理的编排能够确保图表信息传递的清晰和有效，而美化则增强了图表的视觉冲击力，提升了数据可视化的吸引力和表现力。综合考虑两者的因素，可以打造更优秀的数据可视化作品。

4.9.1 图表的编排方法

图表的编排方法是确保图表信息传递清晰、易于理解的重要方法。以下是图表编排的一些方法。

- 简洁明了：保持图表简洁明了，不要过度装饰，避免混淆读者。
- 排列合理：根据数据关系，选择合适的排列方式，如按时间顺序或大小顺序排列。
- 标题和标签：提供清晰的标题和标签，说明图表内容，帮助读者理解图表含义。
- 坐标轴刻度：确保坐标轴刻度适当，避免误导性刻度或过于密集的刻度。
- 注重顺序：如果图表有多个数据组，考虑以一致的顺序展示，方便对比。
- 间距适宜：控制图表元素之间的间距，使图表整体更美观，信息更清晰。
- 避免重叠：避免数据标签或图表元素重叠，以免影响数据的可视化效果。
- 重点突出：通过颜色、粗细等方式，突出图表中的重要数据或关键信息。
- 一致性：图表内的元素设计要保持一致，如颜色、字体、线条风格等。
- 辅助线使用：使用辅助线或辅助区域，帮助读者更好地理解数据的含义。
- 刻度标签：确保刻度标签清晰可读，标明单位和数据范围，方便数据解读。
- 适应受众：根据受众的背景和需求，调整图表的设计，确保易于理解和接受。

遵循这些图表的编排方法可以使图表更具可读性和表现力，更有效地传达数据信息，帮助读者更好地理解数据并做出决策。

4.9.2 图表的美化方法

图表的美化方法是提升图表视觉吸引力和表现力的重要方法。以下是图表美化的一些方法。

- 选择合适的颜色：使用清晰明了的颜色，避免过多颜色混杂，保持一致性。
- 线条和标记：调整线条的粗细和样式，选择合适的数据标记，使图表更易读。
- 背景和边框：确保图表背景简洁干净，不要分散注意力，边框可用于突出图表。

- 字体风格：选择易读的字体样式，注意字号和字体颜色的搭配，使字体清晰可辨。
- 阴影和渐变：谨慎使用阴影和渐变效果，以免影响数据的解读和对比。
- 图例设计：确保图例的位置合适，图例文本清晰，说明内容简洁明了。
- 图表比例：控制图表元素的比例，避免图表变形或失真。
- 背景图片：根据需要，添加适当的背景图片或纹理，提升视觉吸引力。
- 动态效果：对于交互式图表，可以添加适量的动态效果，吸引读者的注意。
- 品牌一致性：如果是商业图表，应保持与品牌风格一致，增强企业形象。
- 图表标题：设计有吸引力的图表标题，概括性地说明图表内容。
- 数据标签：添加数据标签，使数据更易读，减少误解。
- 图表形状：对于面积图、条形图等，可以调整形状，使图表更美观。

通过运用这些图表的美化方法，可以使图表更具视觉冲击力，增加吸引力和表现力，吸引读者的阅读兴趣，并使数据更易于理解和传达。同时，美化图表也需要注意不过度装饰，以确保数据仍然是图表的焦点。

4.10 常用的数据分析软件

4.10.1 常用的数据分析软件介绍

常用的数据分析软件有多种，其中一些主要的数据分析软件如下。

Python：Python是一种通用编程语言，通过数据分析库如NumPy、Pandas和Matplotlib等，可以进行强大的数据分析和可视化。

SPSS：SPSS是一款由IBM开发的专业统计软件，适用于各种统计分析和数据挖掘。

SAS：SAS是一个广泛应用于商业和学术界的统计软件，用于高级数据分析、数据挖掘和预测分析。

Excel：Excel虽然是一种电子表格软件，但也被广泛用于简单的数据分析和图表制作。

Stata：Stata是专业的数据统计软件，用于数据分析、数据管理和图形展示。

Tableau：Tableau是一款用于创建交互式数据可视化的强大工具，可使数据分析更直观和易于理解。

R：R是一个免费的统计计算和图形软件，被广泛用于数据分析、统计建模和数据可视化等领域。

JMP：JMP是SAS推出的一款交互式数据可视化和分析软件，适用于高级数据探索和发现。

Power BI：Power BI是微软的一款商业智能工具，用于数据可视化和报表制作。

这些数据分析软件在不同领域和需求下有各自的优势和特点，选择合适的数据分析软件取决于具体的分析任务和个人偏好。

4.10.2 数据分析软件对比

初次接触数据分析的读者看到上一节列出的软件肯定一头雾水，到底哪个软件更适合自己或更适合自己的研究通常难以定夺。表4-4列出了各类软件的对比情况，特别是增加了一个学习难易程度的对比，不过学习的难度是相对的，往往取决于你的专业背景和过往经验。对于有编程经验的用户来说，Python和R可能较易上手，但对于非编程背景的用户来说，使用Excel、SPSS或Power BI可能更容易，建议大家学习时先进行了解，再花时间熟悉软件的具体使用方法。

表4-4 常见数据分析软件对比表

数据分析软件	特点	适用研究类型或论文类型	学习难易程度
Python	通用编程语言，丰富的数据分析库	多样化的数据分析和可视化	中等偏上
SPSS	专业统计软件，易用且适合大规模数据	社会科学、心理学等应用	容易
SAS	商业和学术界广泛使用，强大的分析功能	统计分析、数据挖掘和预测	中等偏上
Excel	电子表格软件，简单的数据分析和图表制作	基本数据统计和可视化	简单
Stata	专业的数据统计软件，数据管理功能强大	统计分析、经济学和卫生研究	中等偏上
Tableau	交互式数据可视化，直观易用	数据可视化和报表制作	容易
R	免费且开源，强大的统计计算和图形功能	多样化的数据分析和建模任务	中等偏上
JMP	交互式数据分析和探索，快速发现洞见	统计分析和品质控制	中等
Power BI	商业智能工具，适合大规模数据	商业智能和数据可视化	容易偏上

4.11 章节小结

通过本章的学习，读者可以掌握一些常用的数据分析工具和分析方法，从原始数据中提取有价值的信息。本章介绍了数据收集和处理的步骤，包括确保数据质量和可靠性的重要性。同时，本章介绍了统计分析和结果解读的基本方法，以便读者能够准确地从数据中得出结论。

描述性统计分析帮助读者总结和描述数据的特征，而推论性统计分析则让读者能够从样本中推断总体特征，增加数据的可信度。此外，本章还介绍了因子分析、回归分析和聚类分析等高级数据分析技术，用于揭示数据背后的潜在结构和变量之间的关系。

数据可视化在数据分析中的重要性也不可忽视，通过图表和图形展示，读者可以更直观地理解数据、发现模式和趋势。为了确保图表清晰、简洁、准确，本章还介绍了图表类型选择和设计原则，以及图表的编排和美化方法。

最后，为了帮助读者更好地进行数据分析，本章还介绍了常用的数据分析软件，以帮助读者选择适合自身需求的工具，并熟练运用其功能。通过本章的学习，读者能够更有效地处理和解释数据，并在论文写作中提供更有说服力的数据支持。

4.12 章节练习

(1) 选择一个你最感兴趣的研究课题，设计一个数据收集和处理方案，包括确定数据收集来源、采用的采样方法、数据清洗和处理步骤等，注意确保数据质量和可靠性。

(2) 使用某个数据集，进行统计分析，并得出相应的结果。然后，撰写一份结果解读报告，详细解释所用的统计方法、结果的含义及对研究问题的回答。

(3) 给定一组数据，计算描述性统计量如平均数、中位数、标准差等，并绘制合适的数据可视化图表，展示数据的分布和特征。

(4) 根据给定的样本数据，进行推论性统计分析，并进行假设检验。使用适当的统计方法，验证所提出的研究假设，并得出结论。

(5) 使用某个实际数据集，运用因子分析和聚类分析技术，探索数据的潜在结构和变量之间的关系。解释分析结果，发现数据的隐藏模式。

(6) 使用已有或即将获得一组数据，根据数据的性质和目标受众，尝试选择合适的图表类型，并初步设计图表布局、颜色和标签，以确保图表清晰、简洁、易于理解。

(7) 为章节练习六的图表或其他图表进行编排和美化。调整图表布局，添加必要的注释和标题，选择适当的颜色和字体，提升图表的视觉吸引力。

(8) 根据自己的实际研究需求，选择一款数据分析软件进行自学。掌握软件的基本功能和操作，熟练运用工具进行数据处理和可视化展示，完成数据分析。

第 5 章

论文结构与组织

本章将深入探讨如何构建一个清晰、有序且合乎规范的论文框架。论文的结构和组织是确保研究成果有效传达给读者的关键所在。

首先，本章将讨论论文的基本原则和要素，包括引言、正文和结论。引言部分要能准确、简洁地呈现研究问题，并引发读者的阅读兴趣。正文是论文的核心，要合理组织段落和章节，确保逻辑严密，层次清晰。结论则总结研究成果，回答研究问题，并提出可能的拓展方向。通过良好的要素组织，读者能够逐步理解研究过程和结果，领会作者的论点和意图。

其次，本章将重点介绍论文组织的方法。这包括如何运用恰当的标题和子标题，有效地组织段落，以及运用过渡词语使文章逻辑流畅。此外，整体布局和结构设计也将被讨论，应确保论文内容条理清晰，层次分明。良好的组织方法能使读者在阅读过程中更容易抓住重点，理解作者的论证过程。

再次，本章会详细介绍论文格式的要求和规范。正确的格式设置对于学术写作至关重要。本章将涵盖字体、行间距、页边距等排版设置，以及常用的学术写作风格。此外，正确引用他人的研究成果也是学术诚信的基本要求，本章将介绍不同学术风格下的引用规范，并探讨参考文献管理工具的使用。

最后，本章将关注论文的范围和篇幅限制、章节划分和段落结构的重要性、图表和公式的设计和排版，以及参考文献和引用格式的规范。在有限的篇幅内完整地呈现研究成果是一项挑战，通过本章的学习，读者将掌握撰写论文时必备的结构与组织方法，了解论文格式和引用规范，为论文写作打下良好的基础。无论是学生还是研究人员，都能从中受益，提升自己的论文写作水平，为学术研究添砖加瓦。

本章内容如下。

- 论文结构的原则和要素：探讨撰写论文时应遵循的结构原则，介绍论文的基本要素，包括引言、正文和结论等，确保论文逻辑紧密且井然有序。
- 论文组织的方法：介绍有效的论文组织方法，包括标题与子标题的运用、段落的合理组织及过渡词语的使用，使文章逻辑流畅、条理清晰。
- 论文格式的要求和规范：详细阐述正确的论文格式要求，包括字体、行间距、页边距等排版设置，附学位论文、学术论文编写规则。
- 论文的范围和篇幅管理：探讨如何合理确定论文的研究范围，以及如何在有限篇幅内完整地展现研究成果，抑或是内容不足该如何处理。
- 章节划分和段落结构：介绍如何划分论文的章节，确保每个章节内容围绕主题展开，并探讨段落结构的重要性，使段落之间的转换自然流畅。
- 图表和公式的设计和排版：详细讲解如何设计和排版图表和公式，以清晰、易懂的方式展示研究结果，同时遵循学术规范。
- 初步了解参考文献和引用格式：强调正确引用他人研究成果的重要性，介绍不同学术风格下的引用规范，并探讨参考文献管理工具的使用，确保学术诚信。

5.1 论文结构的原则和要素

论文结构的原则和要素在学术写作中扮演着关键的角色。合理的论文结构能确保逻辑清晰，使读者更好地理解研究问题和成果。通过向读者强调重要信息及应遵循的学术规范，让论文具有良好的结构，从而有助于提升论文的学术影响力，使作者在学术界获得认可。因此，论文结构的重要性不仅在于有效传递思想，还体现了学术诚信和专业素养。

5.1.1 论文的结构原则

论文撰写的结构原则是确保论文有条理、逻辑清晰、易于理解和领会。以下是一些论文撰写的结构原则。

- 引言部分：引言是论文的开端，要明确阐述研究问题和目的，并简要概述研究方法和主要结果。引言应该吸引读者的兴趣，引出论文的主题和重点。
- 正文结构：正文是论文的核心，应该合理划分章节和段落，确保内容逻辑紧密，各部分相互衔接。论文应该遵循"总—分—总"的层次结构，即在引言和结论中总结与回顾主要内容。

- 结论部分：结论是对研究问题的回答，总结研究成果，并提出展望和拓展。结论部分要简明扼要，强调研究的贡献和意义，回答引言中提出的问题。
- 段落结构：段落是正文的基本单位，每个段落应围绕一个主题展开，包含一个主题句和支持细节，同时使用过渡句实现段落之间的衔接。
- 图表和公式：图表和公式应该简明清晰，并配以恰当的标题和标注，以便读者快速理解研究结果。
- 参考文献：引用他人研究成果时，应遵循学术规范著录参考文献，确保学术诚信。
- 语言表达：论文应使用准确、简明的语言，避免冗长和复杂的句子，以确保论文的可读性。

论文撰写的结构原则是确保论文内容有机组织、合理分布，使读者能够逐步理解作者的研究过程和结果，从而达到有效传达研究成果的目的。

5.1.2 论文的基本要素

当撰写学术论文时，详细的基本要素如下。

- 题目：论文题目应准确地反映研究的主题，并简明扼要地表达论文的核心内容。一个好的题目能吸引读者的阅读兴趣并明确指示研究的范围。
- 作者信息：在论文的开头或结尾，通常会列出作者的姓名、所属机构、联系方式等信息。这有助于确认作者的身份和归属。
- 摘要：摘要是论文的缩影，通常用简短的文字概括研究的目的、方法、主要结果和结论。它是读者了解论文内容和价值的重要入口。
- 关键词：关键词是用于标识论文主题的重要术语或短语，有助于文献检索和分类。合理选择关键词可以提高论文的可见性和引用率。
- 引言：引言是论文的开篇，主要包括研究背景、问题陈述、研究意义和目的。通过引入研究话题和阐述研究动机，引言能引发读者的阅读兴趣，使其愿意继续阅读论文。
- 文献综述(可选)：在一些学术论文中，作者会在引言后添加文献综述部分。这部分内容对现有研究进行回顾，概述相关文献的研究进展和成果，为研究背景提供更多的支持和依据。
- 正文：正文是论文的核心，根据研究内容和结构划分为多个章节和段落。在正文中，作者详细阐述研究的方法、过程、实验设计、数据收集、结果分析和解释。这部分内容应紧密围绕研究问题展开，用合理的论证和论据支持研究结论。
- 结论：结论是论文的总结部分，通过回顾研究的主要内容，回答研究问题，并对研究成果进行总结和归纳。结论也可以提出研究的局限性和未来的研究方向。
- 参考文献：在论文的末尾，按照特定的引用格式列出所有在文中引用的参考文献。参考文献部分是学术诚信的重要体现，同时为读者提供查找和深入了解相关研究的依据。
- 附录(可选)：在一些情况下，一些较为详细或复杂的数据、图表、公式或实验细节可能放在附录中，以便读者查阅。

通过合理组织这些基本要素，作者能够构建一个完整、连贯的学术论文，使读者能够清晰地理解研究内容和结果，同时符合学术规范和要求。

以下是各部分的示例(内容为虚构，仅供理解论文的基本要素之用)。

- 题目："气候变化对海洋生态系统的影响及适应策略"。
- 作者信息如下。作者：张三；所属机构：某大学海洋科学学院；联系方式：zhangsan@email.com。
- 摘要：本研究旨在探讨气候变化对海洋生态系统的影响，并提出相应的适应策略。通过收集大量气候和海洋生态数据，我们发现随着全球气候变暖，海洋生态系统受到了显著的影响，包括海洋生物多样性的减少、珊瑚礁白化现象的增加等。为了适应这一挑战，我们提出了加强海洋保护与管理、开展适应性研究等策略。本研究为理解气候变化对海洋生态系统的影响提供了重要参考。
- 关键词：气候变化，海洋生态系统，适应策略，生物多样性，珊瑚礁白化。
- 引言：全球气候变暖日益加剧，对地球上各个生态系统产生了深远影响。其中，海洋生态系统作为地球生态系统的重要组成部分之一，受到了严峻的挑战。气候变化对海洋生态系统的影响日益显现，包括海平面上升、水温上升、海洋酸化等。然而，海洋生态系统又对气候变化产生了重要反馈作用，形成复杂的生态与气候系统互动关系。因此，深入了解气候变化对海洋生态系统的影响，探索适应策略，对于保护和可持续利用海洋生态资源具有重要意义。
- 文献综述(可选)：在过去几十年里，众多学者和科学家对气候变化对海洋生态系统的影响进行了广泛的研究。Smith等人(2010)通过分析全球海洋生物多样性数据发现，气候变化导致了海洋生物多样性的减少。Jones和Wang(2015)研究了珊瑚礁白化现象与气候变化的关联，认为海水温度的上升是导致珊瑚礁白化的主要原因。此外，许多研究还探讨了气候变化对海洋生态系统中物种分布、生态位和食物链等方面的影响(Li和Zhang，2018；Wu和Chen，2020)。
- 正文：在本研究中，我们首先收集了大量来自不同地区和时间的海洋生态数据，包括海洋温度、海水酸碱度、海洋生物多样性等。我们发现，随着全球气候变暖，海洋生态系统遭受到了明显的损害。海水温度的上升导致了许多海洋生物栖息地的改变，许多海洋生物的生态位受到了影响。特别是对于珊瑚礁生态系统来说，海水温度的升高是导致珊瑚礁白化现象增加的主要原因之一。

- 基于研究结果，我们提出了一些适应策略。首先，加强海洋保护与管理措施，保护重要的海洋生态系统和物种。其次，开展适应性研究，探索新的保护和适应策略。另外，加强国际合作，共同应对气候变化对海洋生态系统带来的挑战。
- 结论：本研究通过分析气候变化对海洋生态系统的影响，发现全球气候变暖对海洋生态系统造成了明显的影响。在海洋生态系统受到威胁的背景下，我们提出了加强海洋保护与管理、开展适应性研究等策略，以适应气候变化对海洋生态系统带来的挑战。这些策略为维护海洋生态平衡和保护海洋生态资源提供了重要参考。

参考文献如下。

- Smith, J. K., Brown, L. M., & Johnson, P. Q. (2010). Climate change impacts on marine biodiversity. Marine Ecology Progress Series, 410, 177-195.
- Jones, R. T., & Wang, X. (2015). Global warming and coral bleaching. Nature Climate Change, 5(3), 211-217.
- Li, Y., & Zhang, W. (2018). Effects of climate change on species distribution in marine ecosystems. Journal of Marine Science, 25(4), 345-356.
- Wu, H., & Chen, L. (2020). Climate change effects on marine food webs. Oceanography Research, 30(2), 123-137.

通过以上示例，可以了解每部分的内容及其在论文中的作用。题目、摘要、关键词等部分简洁地概括论文内容，引言阐述研究背景和意义，文献综述回顾相关研究，正文详细阐述研究方法和结果，结论总结研究成果和提出建议，参考文献列出引用的文献来源。这些部分有机地组成了一个完整的学术论文，使读者能够全面理解研究内容和价值。

5.2 论文的组织方法

在论文写作中忽视组织方法会导致读者难以理解和把握作者的观点。一个杂乱无章的论文可能会让读者感到困惑，会使读者无法顺利地跟随作者的思维线索。这可能导致读者失去阅读兴趣，甚至放弃阅读。适当的开篇引出主题，明确的论点陈述，有条理的段落结构，以及清晰的过渡，都有助于加强论文的逻辑连贯性。读者能够更容易地理解作者的观点、理解作者的论证过程,并从中获得新的知识和观点。而对于评审或审阅者来说,一个有序的论文也更容易被评估和批判性地分析,从而增加被接受和发表的机会。

5.2.1 论文内容常见的组织方法

论文内容常见的组织方法包括以下几种。

- 引言与背景:在论文的开始,通常需要提供引人入胜的引言,吸引读者注意并介绍研究背景。这部分内容可以解释研究的动机、问题的重要性及相关的前人研究,为读者建立对研究领域的了解。例如,如果你写一篇关于气候变化影响的论文,可以用数据和事实来描述全球变暖的日益严重,以及其对环境和人类社会造成的影响,从而引起读者的关注。
- 目的与研究问题:明确阐述研究的目的和研究问题是确保论文重点清晰的关键。这有助于读者理解你的研究意图并知道你想解决的具体问题。例如,在一篇医学研究论文中,你可以清晰地表达研究目的是评估某种药物对特定疾病的治疗效果,并明确列出研究的主要问题,如该药物是否能够减轻症状,是否存在副作用等。
- 方法:在论文中详细描述你的研究方法,使读者能够理解你的实验设计和数据收集过程。这有助于增强论文的透明性和可复制性。例如,如果你进行一项问卷调查研究,那么你需要描述问卷的设计、受试者的选择过程、数据收集的时间范围等,确保读者能够理解研究的可靠性和有效性。
- 结果与讨论:在这部分,你需要清楚地呈现你的研究结果,并对结果进行深入的讨论。你可以使用图表、表格或统计数据来支持你的结果,并解释这些结果的意义。例如,如果你进行了一项实验研究,你可以在结果部分展示实验组和对照组的数据,并在讨论部分解释这些数据与你的研究假设是否一致,从而得出结论。
- 结论与展望:在论文的结尾,总结你的研究发现并回答研究问题。同时,你可以展望未来的研究方向,指出当前研究的局限性,并提出改进的建议。例如,在一篇教育研究论文中,你可以总结你的研究结果,强调这些结果对教育实践的意义,并建议在未来的研究中可以考虑扩大样本规模或采用其他研究方法来深入探究相关问题。

5.2.2 标题与子标题的运用

在论文组织中,标题和子标题的运用是为了有效地组织文章结构和突出主题。以下是一些标题和子标题的运用方法,并附带了正确和错误的示范案例。

(1) 简明扼要:标题和子标题应简洁明了,能够准确传达内容,避免使用过于冗长的表述。

正确示范如下。

标题:影响气候变化的关键因素

子标题:温室气体排放与土地利用的影响

错误示范如下。

标题:关于对影响气候变化的因素进行研究并探讨温室气体排放和土地利用对气候变化产生的影响的一项研究

(2) 层次分明:使用恰当的标题级别来展现文章结构的层次感,让读者一目了然。

正确示范如下。

标题:新型太阳能电池的发展与应用

子标题:1. 多晶硅太阳能电池的发展历程

子标题:2. 钙钛矿太阳能电池的优势与挑战

子标题:3. 有机太阳能电池的前景展望

错误示范如下。

标题:新型太阳能电池的发展与应用

子标题:研究多晶硅太阳能电池的发展历程

子标题:有机太阳能电池的前景展望

子标题:探讨钙钛矿太阳能电池的优势与挑战

在正确示范的标题和子标题示例中,"新型太阳能电池的发展与应用"是论文的主标题,它总结了整个论文的主题。接着,使用子标题来进一步划分论文的内容,使得文章结构层次分明。子标题"1. 多晶硅太阳能电池的发展历程""2. 钙钛矿太阳能电池的优势与挑战"和"3. 有机太阳能电池的前景展望"都是具体展开主题的子部分,它们属于同一个层级,并且由数字来表示层级的顺序。

相比之下,错误示范中的子标题没有使用恰当的层级,导致结构混乱。在错误示范中,三个子标题都没有采用统一的层级标记,而是随意使用了"研究""探讨"和"前景展望"等词汇,这使得读者很难确定这些子标题之间的层次关系,无法快速了解论文的结构和内容。

(3) 逻辑有序:标题和子标题的排布应符合文章内容的逻辑顺序,确保文章结构清晰。

正确示范如下。

标题：城市化对生态环境的影响

子标题：1. 城市化导致的土地资源破坏

子标题：2. 城市化对水资源的消耗

子标题：3. 城市化对空气质量的影响

错误示范如下。

标题：城市化对生态环境的影响

子标题：1. 城市化对空气质量的影响

子标题：2. 城市化导致的土地资源破坏

子标题：3. 城市化对水资源的消耗

(4) 提炼关键信息：标题和子标题应突出文章的重点内容，让读者快速了解论文主题。

正确示范如下。

标题：人工智能在医学影像诊断中的应用

子标题：1. 卷积神经网络在X光片识别中的成功案例

子标题：2. 支持向量机在MRI图像分析中的效果评估

错误示范如下。

标题：人工智能在医学影像诊断中的应用

子标题：1. 医学影像诊断的发展

子标题：2. 医学影像诊断中的不同算法

标题和子标题在论文组织中扮演着关键的角色。合理运用标题和子标题能够帮助读者迅速把握论文结构和内容，从而提高论文的可读性和理解性。正确的标题和子标题应简明扼要、层次分明、逻辑有序，同时突出文章的重点信息。

5.2.3 段落的合理组织及过渡词语的使用

在论文组织过程中，段落的合理组织和过渡词的使用是确保文章逻辑清晰、条理分明的关键。以下是一些段落组织方法和过渡词的使用示例。

1. 段落的合理组织方法

(1) 主题句：每个段落都应该有一个明确的主题句，它概括了该段落的主要内容或论点。其他句子应围绕主题句展开，支持和解释该主题。

示例如下。

主题句：传统农业的可持续性面临着严峻挑战。

其他句子：农药过度使用导致土壤污染，水资源匮乏加剧了灌溉难题，这些问题威胁着农业的可持续发展。

(2) 逻辑顺序：段落中的句子应按照一定的逻辑顺序组织，让文章的观点和论证过程更加连贯。

示例如下。

句子1：人口增长导致城市化进程加速。

句子2：城市化带来的土地开发给农田和自然环境带来了严重压力。

句子3：土地资源的过度开发使得农作物产量减少，生态系统失衡。

2. 过渡词的使用方法

(1) 添加信息：用于添加相关信息，并将不同观点或段落联系起来。

示例如下。

句子1：此外，研究还发现……

句子2：同样重要的是……

(2) 对比与对照：用于比较不同观点、事物或论据。

示例如下。

句子1：然而，与此相反的是……

句子2：相比之下……

(3) 引导结果：用于引出导致的结果或影响。

示例如下。

句子1：因此，这项政策将带来积极的社会效益。

句子2：因此，这一发现对进一步的研究具有重要意义。

(4) 时间顺序：用于表示事件的先后顺序。

示例如下。

句子1：首先，我们回顾历史背景……

句子2：然后，我们分析实验结果……

(5) 因果关系：用于指示原因和结果之间的关系。

示例如下。

句子1：由于气候变化，灾害频发的可能性增加。

句子2：因此，必须采取紧急措施来应对这一问题。

(6) 总结：用于总结前面提到的观点或内容。

示例如下。

句子1：综上所述，这些证据表明……

句子2：总体而言，这项研究的结果表明……

以上是段落组织和过渡词使用的一些常见方法和示例。合理的段落组织和过渡词的运用可以使得论文的结构更加清晰，内容更加连贯，有助于提高读者对文章的理解和把握。

5.3 论文格式的要求和规范

论文写作中常见的格式错误包括不符合学术期刊或学校的要求、引用和参考文献格式错误、图表编号和标注问题、段落和标题格式混乱、语法和拼写错误等。此外，缺乏清晰的结构和逻辑、缺少目录和页码，以及图片、表格和公式不规范也是常见的问题。为避免这些错误，作者应仔细阅读相关格式要求，参考格式模板和样例，并最好请导师或论文指导专家审阅论文，确保格式的准确性和合规性。

5.3.1 《学位论文编写规则》(GB/T 7713.1-2006)

国家标准《学位论文编写规则》(GB/T 7713.1-2006)早在2006年12月5日发布，2007年5月1日正式实施。这则国家标准规定了学位论文的撰写格式和要求，以利于学位论文的撰写、收集、存储、加工、检索和利用。标准对学位论文的学术规范与质量保证具有一定的参考作用，适用于印刷型、缩微型、电子版、网络版等形式的学位论文。

5.3.2 《学术论文编写规则》(GB/T 7713.2-2002)

2022年12月30日，全国标准信息公共服务平台公布了《学术论文编写规则》(GB/T 7713.2-2022)。新公布的标准GB/T 7713.2-2022部分代替标准GB/T 7713-1987，于2023年7月1日起实施。新发布的国家标准《学术论文编写规则》(GB/T 7713.2-2022)描述了撰写和编排学术论文的基本要求和格式规范。该规则适用于包括一切反映自然、社会和人文等科学体系的学术论文。

5.4 论文的范围和篇幅限制

在撰写论文时，常见的范围和篇幅方面的错误包括主题选择过广或过窄，缺乏明确的研究问题，忽略论文要求，数据和事实不充分，过度引用，以及结构不清晰等。若主题范围过广，可能导致内容不够深入；若过窄，则内容不够丰富。明确的研究问题能指导论文写作，而忽略论文要求可能导致拒稿或低分。数据和事实的不充分支持会影响论文的可信度，过度引用则可能减少作者的原创性。此外，如果论文结构不清晰或缺乏重点，读者将难以理解论文内容。

为避免这些错误，作者在进行论文写作前需审查论文要求，保持清晰的思路和逻辑结构，充实数据支持，并减少不必要的引用。及时寻求指导和反馈也是改进论文质量的重要方式。

5.4.1 合理确定论文的研究范围

我们在第二章详细探讨了《选题与研究设计》这个主题，有的读者可能会有点混淆，"研究范围"和"选题与研究设计"是否重复。其实两者并不相同，选题与研究设计决定了论文研究的方向和方法，而研究范围则在此基础上限定了具体内容和深度。选定明确的选题后，研究范围就是在该选题下所包含的内容和界限。合理的选题和研究设计有助于明确研究的范围，避免内容过于杂乱或超出研究的能力范围，而研究范围的确定也可能影响研究设计的细节。选题与研究设计是研究的起点，而研究范围则是在这个起点上明确研究的具体内容和限制，选题与研究设计和研究范围相辅相成，共同构成一篇论文的研究框架。

确定论文的研究范围是确保论文内容具有实际可行性和深度的重要步骤。以下是合理确定论文研究范围的建议。

- 主题兴趣与研究意义：选择一个你感兴趣的主题，同时确保该主题在学术或实践中具有一定的重要性和研究价值。这样能够激发你的研究热情并增加论文的贡献价值。
- 文献综述：在确定研究范围之前，进行文献综述是必不可少的步骤。通过综合阅读已有的相关研究，你可以了解已有研究的边界和空白，避免重复研究，同时可以找到你的研究问题和主题的合适位置。
- 研究目标和问题：明确你的研究目标和问题，这有助于界定研究范围。确保你的研究目标具有明确性和可操作性，而问题能够通过有限的篇幅得到深入探讨。

- 限定时间和资源：考虑你完成论文所需的时间和可用的资源。如果时间和资源有限，可能需要缩小研究范围，着重于一个特定的方面或问题。
- 实际可行性：确保你选择的研究范围在你的研究能力和可用资源的范围内，避免过于复杂或难以实现的研究范围。
- 界定研究边界：明确你的研究边界，即哪些内容在研究范围内，哪些内容不在研究范围内。这有助于限制论文的范围，防止内容扩散。
- 沟通导师或专家：如果你是在学术机构进行研究，应及时与导师或相关专家沟通，获得他们的建议和意见。他们能够帮助你进一步明确论文的研究范围，并提供宝贵的指导。

综合考虑以上因素，你可以合理确定论文的研究范围，确保研究内容有针对性、可行性和深度，从而提高论文的质量和学术价值。

5.4.2 在有限篇幅内完整地展现研究成果

当论文篇幅有限时，展现研究成果需要特别关注内容的组织和表达。首先确定论文的整体结构，确保各部分紧密衔接，包含必要的信息。引言部分应简明扼要地介绍研究背景和目的，吸引读者关注。然后进行文献综述，突出现有研究和知识的空白，为自己的研究做铺垫。

在研究方法部分，简要描述你的研究设计，包括数据收集、实验过程或其他研究方法。在有限篇幅内，着重介绍与研究结果直接相关的方法细节。然后展现实证结果，可通过图表和表格直观呈现数据，有助于提供全面的研究视角。对于重要的结果，应进行简要分析，确保读者理解研究的关键发现。

在讨论部分，重点解释研究结果的意义，并将其与文献综述的研究进行对比。阐明研究局限和未来研究方向，以表明研究的贡献和影响。

最后，总结性地陈述研究结论，强调你的研究成果对领域的重要性和价值。确保结论清晰明了，不涉及新的观点。

为节省篇幅，可将部分详细数据和相关论证放入附录，供读者深入了解。应多次审阅论文，精简不必要的叙述和重复，确保内容准确、清晰、完整。只有紧凑而有条理的论文，才能在有限篇幅内充分展现研究成果。

5.4.3 论文内容不足的常见原因及应对方法

有的作者担心篇幅有限，无法尽情发挥，也有的作者苦恼于如何填充篇幅，甚至开始凑够字数。这里要强调的是，凑字数是绝对不应该的，我们应该深入论文的选题与研究设计，重新审视、优化改进，从根本解决内容不足的问题。

论文内容不足可能由以下常见原因引起。

- 选题过窄：选择了过于狭窄的研究主题，导致无法充分展开，内容不够丰富。
- 数据不充分：实证研究中数据采集不足或质量不高，导致结果不够有说服力。
- 研究方法不当：选用的研究方法不合适或设计不周，限制了研究深度和可信度。
- 文献综述不充分：对已有研究文献了解不够，未能挖掘和整合相关研究成果。
- 实验设计缺陷：实验研究中的设计缺陷，如样本选择问题或控制组设置不当，影响了研究结果的有效性。

应对这些问题，可以采取以下方法。

- 重新审视选题：评估选题的广度和深度是否合适，如有必要，适度扩大或调整研究主题，以确保论文有足够的内容。
- 增加数据收集：如果数据不足，可以考虑增加数据收集的样本量，或从多个来源收集数据，提高研究结果的可信度。
- 改进研究方法：重新审视研究方法，选择更为合适的方法，并确保研究设计的科学性和有效性，从而增加研究成果的深度和说服力。
- 深入文献综述：对已有文献进行深入综述，查找相关研究成果，找到论文的研究空白，并将前人的研究成果与自己的研究相结合。
- 优化实验设计：优化实验设计，注意样本选择、控制组设置等，确保实验的科学性和有效性，提高实验结果的可靠性。

应对内容不足的问题，除了避免选题过窄，尝试优化研究方法和实验设计，增加数据收集和深入文献综述，还应在撰写论文前进行科学的计划和详细的设计，以确保论文有足够的内容来支持研究结论。

5.5 章节划分和段落结构

合理的章节划分和段落结构是论文写作中不可忽视的重要部分，我们在本章第5.2节中进行了一些分析。做好章节划分有助于构建清晰、有序、层次分明的论文结构，提高论文的可读性和说服力。同时，对于作者本身来说，良好的段落结构也有助于更好地组织和表达自己的研究成果和观点。

基于前文所述的论文组织的基础，我们将进一步探讨如何继续优化论文的章节划分和组织结构，特别强调它们之间的密切关系。

首先，在优化章节划分时，应确保整个论文的结构清晰且有层次感。每个章节应紧扣主题，形成逻辑严密的框架，确保研究思路的连贯性。可以考虑根据研究的逻辑关系，将相关内容合并或拆分为不同的章节，以突出重点和避免内容冗余。在引言部分，除了介绍研究背景和目的，还可以明确交代本章节的组织结构，为读者提供预览。

其次，在优化段落结构时，需要注重每个段落的主题一致性和层次分明。每个段落应以一个明确的中心思想或主题为核心，围绕主题展开，并通过合理的过渡句连接前后段落，确保文章整体的连贯性。段落中的每句话都应围绕该主题进行展开，尽量避免无关的信息插入，以保持段落的紧凑性和逻辑性。

特别值得注意的是，章节划分和段落结构是相互关联的。章节划分决定了论文的大体框架和脉络，而段落结构则在章节内部组织内容，体现了章节划分的细节。良好的章节划分应该反映在段落结构中，每个章节应包含有关主题的一系列段落，而每个段落又应围绕该章节的主题展开。

在优化章节划分和段落结构的过程中，可以多次反复审阅论文，确保章节和段落的安排合理，逻辑清晰。同时，可以向同行学者或导师寻求反馈意见，从不同的角度来审视论文的组织结构，不断改进和完善，以确保论文在结构和组织上达到最佳状态。

5.6 图表和公式的设计与排版

5.6.1 图表的设计和排版

设计和排版图表是展示研究结果的重要方式之一，我们在第4章第4.7节《图表类型选择与设计原则》与4.9节《图表的编排和美化方法》中介绍了多种常见的图表类型，以及图表编排和美化的方法。如何以清晰、易懂和遵循学术规范的方式呈现图表，对于有效传递研究成果至关重要。

首先，要选择合适的图表类型，确保图表能够准确表达研究结果。根据数据类型和展示需求，选择最合适的图表类型，如折线图、柱状图、散点图、饼图等。

其次，图表应简洁明了，避免过度复杂和冗余信息。突出研究的核心结果，去除不必要的元素，使图表清晰而易于理解。同时，为图表添加清晰的标注和图例，包括坐标轴标签、数据单位、图表标题等，以便读者准确理解图表内容。

最后，图表设计和排版必须遵循学术规范和论文投稿要求。为每个图表添加编号，并在文中引用，确保编号和引用格式符合学术规范。保持图表的一致性，包括字体、字号、线条粗细等，显示出专业性。通过遵循这些原则，设计和排版图表能够更好地展示研究结果，使其清晰、易懂，遵循学术规范。

5.6.2 公式的设计和排版

设计和排版公式是论文中展示数学和科学研究成果的重要方式。为了确保公式清晰、易懂，并符合学术规范，可以采取以下步骤。

- 使用专业的数学编辑器：使用专业的数学编辑器(如LaTeX)来书写公式，确保公式格式正确、美观。
- 明确符号和变量含义：在引入每个公式时，明确说明符号和变量的含义，以避免歧义，同时为读者提供必要的信息。
- 简化和化简公式：将公式表达简洁化，去除不必要的项，使公式更易于理解和应用。
- 分步展示复杂公式：对于较复杂的公式，可以采用分步展示的方式，逐步引入每部分，以便读者逐步理解公式的推导过程。
- 遵循数学规范：公式中的符号、指数、上下标等应遵循数学规范，确保公式书写正确。
- 编号和引用：为每个重要的公式添加编号，并在文中引用。确保编号和引用格式符合学术规范和论文投稿要求。
- 调整位置：将公式放置在相关内容附近，方便读者参考和理解。避免公式过于分散，影响读者的阅读体验。
- 测试可读性：在设计和排版公式后，对公式进行测试，确保读者能够轻松理解公式的含义，没有困惑或歧义。
- 参考优秀样例：可以参考优秀论文或学术著作中的公式排版，借鉴其优点，使自己的公式书写更加规范和清晰。

通过遵循上述步骤，设计和排版公式可以更好地展示研究结果，使其清晰、易懂，并符合学术规范。清晰的公式能够有效传递论文的数学推导和科学成果，增强论文的可读性和学术价值。图5-1是一些公式示例。

1. **线性回归公式**:
   线性回归是一种常见的数据分析方法,其公式可以表示为:$y = mx + b$ 其中,y 是因变量,x 是自变量,m 是斜率,b 是截距。在公式中,每个符号都有明确的含义,使读者能够轻松理解回归模型的基本概念。
2. **高斯分布的概率密度函数**:
   高斯分布在统计学和概率论中非常重要,其概率密度函数(PDF)可以表示为:$f(x) = \frac{1}{\sigma\sqrt{2\pi}}e^{-\frac{(x-\mu)^2}{2\sigma^2}}$ 其中,x 是随机变量,μ 是均值,σ 是标准差。该公式清晰地表示了高斯分布的概率密度函数,每个符号都有详细解释。
3. **薛定谔方程**:
   在量子力学中,薛定谔方程描述了量子体系的时间演化。其一维时间无关薛定谔方程可以表示为:$i\hbar\frac{\partial \psi}{\partial t} = -\frac{\hbar^2}{2m}\frac{\partial^2 \psi}{\partial x^2} + V\psi$ 其中,ψ 是波函数,t 是时间,m 是质量,V 是势能。该公式清晰地表示了薛定谔方程的主要物理含义,并且使用了学术规范的符号表示。

图5-1 公式示例

以上示例中的公式都使用了专业的数学编辑器排版,符号和变量都有明确的含义,同时符合学术规范。在设计和排版公式时,应始终确保公式清晰、易懂和准确,以使读者能够充分理解你的研究结果。

5.7 初步了解参考文献和引用格式

5.7.1 正确引用他人研究成果的重要性

当涉及正确引用他人研究成果时,这项工作在论文写作中具有极其重要的意义,可以分为以下几个关键方面。

首先,学术诚信与道德要求。正确引用他人研究成果是学术界对知识产权的尊重和知识的共享的基础。学术诚信是学术研究不可或缺的基石,违反学术诚信将严重损害个人声誉和学术声誉。通过正确引用他人研究成果,表现出对知识创造者的尊重和认可。因为很多研究都是在前人的基础上进行的,正确引用他人的研究成果也是对前人工作的一种致敬,同时体现了学者之间互相尊重和学术共同体的团结。

其次,避免抄袭行为。正确引用他人研究成果是避免抄袭的重要手段。抄袭是学术界和科研领域中最严重的违规行为之一,可能会导致严重的后果,不仅会损害自己的学术声誉,还可能导致法律责任。

最后，提供研究背景和理论支持，增加论文的可信度和说服力。通过正确引用前人的研究成果，可以为自己的研究提供充分的研究背景和理论支持。这样可以将自己的研究问题与前人研究的联系明确地展示出来，并突显出自己研究的创新点和贡献。引用有权威性和可靠性的文献，也可以为自己的研究提供更强的支持，使读者对论文的内容更有信心。

正确引用他人研究成果不仅是学术写作的基本规范，更是维护学术诚信、推动学术进步的重要举措。在论文写作中，应该始终尊重他人的知识和努力，遵循学术规范，以求真务实的态度进行研究，促进学术交流和知识共享。

接下来我们将简单介绍文献引用与参考文献的基本知识，关于该主题，我们还将在第7章《文献引用与参考文献》中进行更深入的探讨，这里我们先建立基本概念和认知，便于论文前期的准备。

5.7.2 不同学术风格下的引用规范

在论文写作中，不同的学术风格有不同的引用规范。以下是一些常见的引用规范。

- APA风格：APA(american psychological association)风格是社会科学领域的常见引用风格。它要求在文内引用时，作者和年份必须在句子中提到，并将其列在参考文献表中。
- MLA风格：MLA(modern language association)风格主要适用于人文学科领域。它要求在文内引用时，作者和页码必须在句子中提到，并将其列在参考文献表中。
- Chicago风格：Chicago风格主要适用于历史和文学领域。它要求在文内引用时，作者和页码必须在句子中提到，并将其列在参考文献表中。
- IEEE风格：IEEE(institute of electrical and electronics engineers)风格主要适用于工程和计算机科学领域。它要求在文内引用时，作者、年份和文章标题必须在句子中提到，并将其列在参考文献表中。
- OSCH引文风格：OSCH(open science collaboration)引文风格是开放科学运动的一部分，旨在提高科学研究的透明度和可重复性。它要求在文内引用时，作者、文章标题、期刊名称、发表年份和页码必须在句子中提到，并将其列在参考文献表中。

不同的学术风格有不同的引用规范，而且不同的学科领域可能有不同的引用要求。因此，在写作时，应根据研究领域和论文目的选择合适的引用规范，并遵循相应的规则进行引用。需要注意的是，国内也常用这些学术风格和引用规范。虽然国内的学术期刊和出版社也有自己的引用规范，但是在国际化和交流越来越频繁的今天，这些国际通用的学术风格和引用规范也被越来越多的人所采用。例如，APA、MLA、Chicago和IEEE等风格在国内的一些学术期刊和论文中都有应用。同时，国内的很多高校和出版社也要求使用这些风格和引用规范，因此，在国内进行学术写作时，需要遵守这些学术风格和引用规范。

国内学位论文的引用规范一般参考《中华人民共和国国家标准：信息与文献 参考文献著录规则》(GB/T 7714-2015)。这个标准规定了各个学科、各种类型信息资源的参考文献的著录项目、著录顺序、著录用符号、著录用文字、各个著录项目的著录方法，以及参考文献在正文中的标注法。

5.7.3 参考文献管理工具

参考文献的管理工具有很多，以下是一些常见的参考文献管理工具。

- NoteExpress：NoteExpress是一款国产的参考文献管理工具，支持多种文献格式，可以方便地导入、导出文献，组织和管理文献库，还可以与多种论文编辑器集成。
- CNKI E-Study：CNKI E-Study是一款由国内知名的学术数据库厂商CNKI开发的参考文献管理工具，支持多种文献格式，提供了丰富的文献搜索和组织功能，还可以与论文编辑器集成，方便地引用和编辑文献。
- Ilibra：Ilibra是一款国产的文献管理工具，支持多种文献格式，提供了文献搜索、组织和管理功能，还可以与论文编辑器集成，方便地引用和编辑文献。
- EndNote：EndNote是一款强大的参考文献管理工具，支持多种文献格式，可以方便地导入、导出文献，组织和管理文献库等。
- Mendeley：Mendeley是一款免费的参考文献管理工具，支持PDF文档的导入、组织和管理，可以与论文编辑器集成，方便地引用和编辑文献。
- Zotero：Zotero是一款开源的参考文献管理工具，支持多种文献格式，可以方便地导入、导出文献，组织和管理文献库，还可以与多种论文编辑器集成。
- Citavi：Citavi是一款专业的参考文献管理工具，支持多种文献格式，提供了丰富的文献搜索和组织功能，还可以与论文编辑器集成，方便地引用和编辑文献。
- RefWorks：RefWorks是一款在线的参考文献管理工具，支持多种文献格式，可以方便地导入、导出文献，组织和管理文献库，还可以与多种论文编辑器集成。

这些参考文献管理工具都有各自的特点和优势，我们还会在第7章深入探讨，读者可以根据个人需求选择合适的工具进行使用。

5.8　章节小结

本章深入探讨了撰写论文时必须遵循的结构原则和要素，包括引言、正文和结论等基本要素，以确保论文逻辑紧密、井然有序。本章还介绍了有效的论文组织方法，如合理运用标题与子标题、段落的合理组织及过渡词语的使用，以增强文章的逻辑流畅和条理清晰。

同时，本章详细阐述了正确的论文格式要求和规范，包括排版设置和学术论文编写规则，确保论文符合学术规范。接下来，本章探讨了合理确定论文的研究范围和篇幅管理的方法，以及如何在有限篇幅内完整地展现研究成果。本章还介绍了如何划分论文的章节，确保每个章节内容围绕主题展开，并探讨了段落结构的重要性，使段落之间的转换自然流畅。另外，本章还详细讲解了图表和公式的设计和排版方法，以清晰、易懂的方式展示研究结果，并遵循学术规范。

最后，本章强调了正确引用他人研究成果的重要性，并介绍了不同学术风格下的引用规范，以确保学术诚信。

5.9　章节练习

(1) 阅读一篇已发表的学术论文或研究报告，识别其中的引言、正文和结论等要素。然后撰写一篇简要的分析，描述这些要素在论文中的作用和重要性。试着从结构上评估该论文的逻辑是否紧密，是否符合"论文结构与组织"的原则。

(2) 找到自己或他人的一篇还没有最终确定标题和子标题的论文草稿，尝试为其标题和子标题进行优化或添加。确保标题和子标题能够恰当地反映每部分的内容，并帮助读者更好地理解整个论文的结构。这样的练习有助于提高对标题和子标题运用的灵活性和准确性。

(3) 找到自己或他人论文草稿中不太满意或较为混乱的文本，尝试重写该段，使其结构更加清晰和条理。确保每个段落都围绕一个主题展开，并使用过渡词语使段落之间的转换更自然流畅。这样的练习有助于加强段落结构的重要性，并培养优化段落结构的能力。

(4) 选择一个研究领域的数据，设计一个适当的图表或公式来清晰地展示这些数据。在图表或公式的设计过程中，考虑如何使其更易懂、直观，并符合学术规范。这样的练习将帮助加强对图表和公式设计的理解与实践能力。

(5) 找到自己或他人论文草稿中包含多个引用来源的论文段落，检查其中的引用是否符合学术规范。根据相应的学术风格(如APA、MLA等)，对引用进行必要的修改和修订。这样的练习有助于加强对参考文献引用规范的熟悉程度和准确性。

第 6 章

论文的语言与表达

　　本章是本书的重要内容，专注于提升学术论文的语言表达质量。在论文写作中，语言的准确、清晰和简洁是十分关键的，而本章旨在帮助读者掌握一系列方法，使其论文更具说服力和专业性。

　　首先，本章会深入探讨论文语言的特征和用法，帮助读者理解论文写作中常见的表达方式，如学术术语的正确运用和学科特定的表述方式。

　　其次，本章将介绍如何表达清晰、简洁和准确。学术论文通常需要传递复杂的信息，因此学会简洁地表达观点和论据是必不可少的技能。通过案例学习，读者将学会消除冗长和含糊不清的表达，使论文更具专业性。

　　在论文写作的语气和风格方面，本章将引导读者根据目标读者和研究对象的不同，选择合适的写作风格。学术论文通常需要客观和严谨的语气，但在不同学科领域和研究类型中，也可能有所变化，因此本章将帮助读者正确把握写作风格。

　　再次，本章还将提供有关避免语句冗长的指导。过度冗长的语句不仅影响读者理解，还可能使论文显得晦涩难懂。通过学习简洁写作的方法，读者将有效地提升论文的可读性。

　　最后，本章将重点讨论学术不端和抄袭问题。在学术界，诚信和原创性至关重要。读者将了解什么是学术不端行为，如何避免抄袭，确保正确引用文献和资料，确保自己的论文在学术道德上是无可指责的。

本章内容如下。

- 学术语言的特征和用法：了解学术写作的独特表达方式，包括学术术语的恰当运用和学科特定的表述方式。
- 表达清晰、简洁和准确的方法：掌握提高论文清晰度、简洁性和准确性的方法，使观点和论据更具说服力。
- 科学写作的语气和风格：学会根据目标读者和研究对象选择适当的写作风格，确保学术论文表达客观严谨。
- 避免语句冗长：通过不断的练习，消除论文中的冗长句子和含糊不清的表达，提高论文的可读性。
- 避免学术不端和抄袭：重视学术诚信，了解学术不端行为，并学习正确引用文献和资料，避免抄袭问题。

6.1 学术语言的特征和用法

不同文学作品的语言特征的确存在巨大差异，而且学术论文的写作与创意性文学作品的写作有着明显的区别。在学术写作中，表达的目的是传递清晰、准确、客观的信息，以支持学术观点和研究成果。而在创意性文学作品中，语言的运用更强调情感、意象和想象力，以营造特定的情境和情绪。

在学术论文中，使用学术术语、遵循学科规范及提供明确的论证是必要的。相比之下，在文学作品中，作者通常更注重独特的表达方式和文学修辞手法，以创造出独特的艺术效果。

6.1.1 学术写作的独特表达方式

学术写作具有独特的表达方式，以下是常见的特征解释及相应的示例。

1. 形式规范

学术论文通常遵循特定的格式和结构，如引言、方法、结果、讨论和结论等。这种规范性有助于读者更好地理解和评估研究。

案例：一篇社会科学研究论文的结构可能如下。

- 引言：介绍研究问题、目的和重要性。
- 方法：描述研究设计、样本和数据收集方法。
- 结果：展示实证研究的主要结果和数据分析。

- 讨论：解释结果、探讨研究的含义和局限性。

2. 专业术语

学术写作经常使用学科特定的术语和概念，以确保准确传达观点和信息。这些术语在学术界具有特定的含义和共识。

案例：在医学研究中，研究者可能会使用特定的医学术语，如"心血管疾病""心绞痛""冠状动脉搭桥术"等，以确保专业领域的准确交流。

3. 客观性

学术写作强调客观性和中立性，不过多表达个人情感或主观观点。文章应该基于事实、数据和证据进行论述。

案例：一篇关于气候变化的学术论文应该侧重于事实和数据，避免主观情感的渲染，如"全球气候变暖的证据显示明显的温度上升趋势，而这对地球的生态系统和人类社会产生了巨大影响"。

4. 论证和证据

学术写作需要提供充分的论证和支撑材料，以支持作者的观点和结论。引用先前的研究和文献是常见的方式。

案例：一篇经济学研究论文可能会引用过去的研究和国家统计数据，以支持对经济政策的建议。

5. 文献综述

学术写作通常在引言部分包含文献综述，以介绍和总结前人的研究成果，说明研究的背景和重要性。

案例：在一篇教育学研究论文中，研究者可能会对前人关于教育学理论和实践的研究进行综述，从而明确本研究的学术背景。

6. 逻辑严谨

学术文章的表达需要严密的逻辑，确保观点之间的关系清晰，结论得出的合理。

案例：一篇关于人工智能的计算机科学论文应该清晰地呈现算法的步骤和数据处理过程，确保读者能够重现研究并验证结论。

7. 学术态度

学术写作强调谨慎和审慎，避免过度激进或不负责任的言论。

案例：在一篇心理学研究论文中，作者应该避免使用主观评价，而是通过科学数据和实验证据来支持研究结论。

8. 精确性

学术写作要求准确地描述研究方法、实验结果和数据分析，避免模糊和含糊不清的陈述。

案例：在一篇化学研究论文中，实验结果的数字应该准确至小数点后几位，以确保数据的精确性。

9. 避免口语和幽默

学术写作通常不使用口语和幽默，以保持严谨和正式的风格。

案例：在一篇法律研究论文中，作者不应使用非正式语言或幽默，而应保持严肃和专业的语调。

10. 引用和参考文献

学术写作要求准确引用他人的成果，并在文末提供参考文献列表，以便读者查证和进一步阅读相关文献。

案例：在一篇历史学研究论文中，作者应该准确引用历史文献和资料，以便读者能够核实研究依据。

以上案例展示了学术写作的独特表达方式在不同学科领域中的应用。这种表达方式强调准确性、客观性和专业性，以确保学术研究的可信度和可重复性。

6.1.2　恰当运用学术术语和学科特定的表述方式

恰当运用学术术语和学科特定的表述方式是学术写作中至关重要的一部分。以下是几个指导原则，可以帮助您在文章中恰当地运用学术术语和学科特定的表述方式。

1. 确保理解

在使用学术术语和特定表述方式之前，确保你对这些术语和表达方式的含义和用法有充分的理解。如果不确定，可以查阅学术词典、参考资料或请教领域专家。

2. 上下文适用

使用学术术语和学科特定的表述方式应该是有意义的，符合文章的主题和内容。不要仅为了显示学术性而过度使用这些术语，而应确保它们对于传达观点和信息是必要且合适的。

3. 解释和定义

在首次使用较为复杂的学术术语时,最好附上简明扼要的解释或定义,以帮助读者理解其含义。在随后的使用中,可以省略解释,但要确保不会造成读者的困惑。

4. 适度使用

学术术语和特定表述方式应该被适度使用,过多的术语可能会使文章晦涩难懂。应尽量选择简明扼要的表达方式,只在必要时使用特定的学科术语。

5. 避免误用

确保正确使用学术术语,不要随意替换或误用它们。误用可能导致信息传递错误或丧失学术信任。

6. 避免堆砌

避免在文章中过度堆砌学术术语和特定表述方式。文章的目标是清晰地传达思想,而不是让读者在过多的术语中迷失。

7. 练习与审阅

多加练习并请同行或导师审阅你的写作,以获取关于学术术语和表述方式使用的反馈。通过反复的实践和改进,你将更加熟练地运用这些术语。

学术术语和学科特定的表述方式是学术写作的重要组成部分,有助于确保文章的准确性和专业性。恰当运用这些术语是有效传递观点和研究成果的关键。同时,还要注意适度运用,不过度堆砌,以保持文章的清晰易懂。

6.2 表达清晰、简洁和准确的方法

在论文写作中,表达清晰、简洁和准确至关重要。清晰的表达能有效传递观点,简洁的写作能提高可读性,准确的措辞能增强专业性。这样的表达方式可以突出重点、节省篇幅,同时可以提升学术影响力,使论文更具可信度和学术价值。因此,务必重视和培养这些写作方法,从而提高学术写作水平。

6.2.1 提高论文表达的清晰度

我们先来看一个案例,以下是原始表达。

"这个方法在许多不同的情况下可能会产生各种不同的结果,但是我们需要记住,

在某些情况下，它可能会出现一些问题或限制，这可能会影响整个研究的可靠性和有效性。"

我们尝试改进它，以下是改进后的表达。

"该方法在不同情境下可能产生多样化结果，但需注意某些情况下可能带来问题或限制，影响研究的可靠性与有效性。"

原始表达中使用了多个不必要的词汇和修辞，使句子变得冗长。通过精简句子结构和删除多余词汇，改进后的表达更加清晰，突出了句子的核心思想。通过这个例子，我们可以看到如何通过简化句子结构、使用明确词汇、删除冗余修辞等方式来提高论文表达的清晰度。除此之外，我们还可以采取下面的建议，进一步提高论文表达的清晰度。

- 明确中心思想：确保论文围绕一个明确的中心思想展开，所有内容都与这一中心思想相关。避免在论文中涉及无关或冗余的内容，以保持清晰性。
- 简明扼要的语言：使用简单、直接、清晰的语言表达观点和论证，避免过多修辞或复杂句子结构，使读者更容易理解和消化论文内容。
- 清晰的段落结构：每个段落应有明确的主题句，并围绕该主题句展开论述。确保每个段落的内容都贡献于整篇论文的中心思想。
- 逻辑连贯：论文应有清晰的逻辑结构，每个段落之间和每个主题之间应有明确的过渡和联系。使用过渡词和连接词，使文章结构更紧密，逻辑更清晰。
- 避免含糊不清的词语：使用确切、明确的词汇来表达观点，避免使用模棱两可或含糊的词语。定义专业术语，确保读者理解词语的含义。
- 简化复杂概念：若涉及复杂的概念和术语，应用简单的语言解释，并提供例子来帮助读者更好地理解。
- 检查逻辑错误：在完成论文后，仔细检查是否有逻辑错误或自相矛盾的观点。应确保论文的逻辑严谨，观点之间没有矛盾。
- 合理分段：将相关的内容放在一起，形成段落，有助于读者更好地理解和组织信息。
- 避免重复：避免在论文中反复强调相同的观点或信息，这会使文章显得啰唆和不清晰。

通过遵循上述建议，可以有效提高论文表达的清晰度，使论文的观点更加明确和易懂，同时提升论文的学术质量和可读性。

6.2.2 提高论文表达的简洁性

我们来看下面这个案例，首先是原始表达。

"实验的结果明确显示了实验组参与者的表现较对照组有显著的提高。这一改进可以归因于新教学方法的实施，该方法强调主动学习和学生参与。实验组在课程内容的理解、记忆和课堂活动表现上都较高，这可从他们较高的测试分数和更好的表现得到证实。"

下面是改进后的表达。

"实验结果显示，实验组的表现较对照组有显著提高。这一改进归因于新教学方法的主动学习和学生参与。实验组在课程内容理解、记忆和课堂活动表现上都更好。"

原始表达中使用了过多的修饰词和重复的表述，使句子变得冗长。通过简化句子结构和删除多余的修饰词，改进后的表达更加简洁明了，突出了研究结果和新教学方法的效果。

通过这个例子，我们可以看到如何通过删除冗余词汇、简化句子结构和精简描述来提高论文表达的简洁性。简洁明了的表达方式有助于提高读者的理解和阅读体验，使论文更具吸引力和影响力。除此之外，我们还可以采取以下方法，进一步提高论文表达的简洁性。

- 消除冗余词语：审查文章，识别并删除不必要的修饰词、重复词语或多余的描述。保持简洁的表达方式有助于提高读者的理解和吸引力。
- 简化句子结构：尽量使用简单、直接的句子结构，避免过多的从句和复杂的修饰语。将长句拆分成多个简洁的句子，以确保信息传递清晰。
- 使用精确词汇：选择准确的词语来表达您的意思，避免使用模糊或泛泛的表述。精确的词汇能够更有效地传达您的观点。
- 删除废话：避免使用空洞的词语或废话，如"事实上""无疑地"等。这些词语不仅浪费篇幅，还降低了文章的简洁性。
- 精简段落：确保每个段落都有一个明确的主题，并围绕这一主题进行论述。避免在一个段落中涉及过多的不相关内容。
- 避免冗长引言：简洁地介绍研究背景和目的，避免在引言部分过多展开。
- 简洁的标题和副标题：选择简明扼要的标题和副标题，准确概括文章内容，吸引读者进一步阅读。
- 提前规划：在写作之前，先进行大纲规划，确保每一段落和每一部分都紧扣中心思想，避免走题和无关内容。
- 精简图表：如果使用图表来说明数据或结果，请确保它们简洁明了，避免图表过于复杂或冗长。

6.2.3 提高论文表达的准确性

我们再来看一个案例的原始表达。

"最近的研究表明,大约80%的学生在课堂上容易分心。这是一个很大的问题,可能会导致学生的学习成绩下降和学业表现不佳。"

下面是改进后的表达。

"最近的研究表明,80.2%的学生在课堂上经常分心。这一问题可能导致学生的学习成绩下降和学业表现不佳。"

在原始表达中,大约80%应替换成了更为精准的数字百分比。同时,原始表达中使用了"容易"一词,使得表述不够准确。通过改为"经常",更准确地反映了研究结果。此外,原始表达中的"很大的问题"是一个模糊的描述,改进后的表达更加具体地指出该问题可能导致的后果。除此之外,我们还可以采取以下方法,进一步提高论文表达的准确性。

- 深入研究:在撰写论文之前,确保对所涉及的主题和研究领域进行深入的了解。通过查阅权威的学术资料和参考文献,对研究领域进行全面的研究。
- 引用可靠来源:在引用其他研究成果或数据时,确保引用可靠的来源和准确的数据。避免引用未经证实的信息或不可信的资料。
- 仔细论证:在论文中陈述观点时,确保提供充分的论据和证据来支持每个观点。避免凭空臆断或未经论证的观点。
- 准确使用术语:确保正确使用学术术语和专业词汇,避免误用或混淆相关的概念。
- 核实数据和实验:如果论文涉及实验数据或统计结果,应确保核实和验证这些数据的准确性。避免错误的计算或数据录入。
- 仔细编辑校对:在撰写论文后,进行仔细的编辑和校对工作,检查语法、拼写、标点和格式等方面的错误,以确保论文的准确性和规范性。
- 确保引用准确:在文中引用其他研究或来源时,确保准确标注引用的作者、出版年份、页码等信息,避免引用格式错误。
- 提供实例和案例:在阐述论点时,提供具体的实例和案例来支持观点,这有助于增强论文的准确性和可信度。
- 寻求同行审阅:请同行或导师审阅论文,并寻求他们的反馈和意见。同行审阅可以帮助你发现论文中的潜在错误和改进的空间。
- 不断学习与提升:持续学习和积累知识,不断提高对研究领域的理解和掌握,以提高论文表达的准确性和专业性。

提高论文表达的清晰、简洁和准确是一个长期的过程,不能一蹴而就,需要在日常学习工作中进行积累和刻意的练习。阅读优秀文献、主动反思修改、定期练习写作、积极学习写作方法、虚心接受反馈、深入学科知识、专注表达目标和培养写作习惯都是有效的方法。持续努力将逐渐提高你的论文表达能力,使你的论文更具清晰、简洁和准确的特点,增加其学术价值和影响力。

6.3 科学写作的语气和风格

6.3.1 理解科学写作

科学写作是一种以科学方法为基础,用客观、系统的方式来表达研究结果、观点和学术观念的写作形式。值得注意的是,科学写作、学术论文写作和学位论文写作是三个密切相关的概念。科学写作不仅限于学术领域,还包括科技、医学、自然科学等各个领域。科学写作的目标是传递准确、可靠、科学的信息,并遵循学术规范和逻辑结构。学术论文和学位论文其实都属于科学写作的范畴,无论是学术论文还是学位论文,都需要严谨的研究方法、清晰的逻辑结构和准确的表达,以保证其学术价值和可信度。

6.3.2 科学写作的语气和风格

我们先来读一下这段优美的文字,判断它是否属于科学写作。

"在遥远的山谷中,一片神秘的森林隐藏着一个巨大的秘密。在这里,一种神奇的草药世代生长着,传说它可以治愈所有的疾病。每当夜幕降临,森林中会出现一群飞舞的精灵,她们晃动着晶莹剔透的翅膀,守护着这种神奇的草药。人们说,如果能找到这片神奇森林,并获得精灵的祝福,就能治愈世间所有的疾病,拥有永恒的健康和快乐。终于,一位勇敢的冒险家做出了决定,为了拯救母亲已经被宣判绝症的身体,他对着全世界宣告,他要为爱出发,去寻找这片神奇森林。可等待他的只有漆黑的森林和浓浓的迷雾。他是否能够顺利地抵达神秘的草药之地,又能否如愿以偿,我们拭目以待。"

没错,很明显它不属于科学写作,而是创意性文学作品,甚至有些读者还会觉得意犹未尽。那我们再来看下面这段文字。

"本研究针对新能源领域中风能、太阳能和地热能等不同类型的新能源进行了比较分析。通过3年时间的数据采集,科学的统计分析方法,研究发现风能在能源转换效率和环境影响方面表现最佳,太阳能和地热能存在一定的局限性和挑战。"

我们可以很明显地发现，在科学写作风格的段落中，作者使用了客观、准确的语言，以研究结果为基础，提出了现实问题和解决方案。这种风格强调事实和数据，追求客观和准确性。

而在创意性文学作品风格的段落中，作者运用了幻想、夸张和诗意的表达方式，描述了一个神秘、神奇的场景。这种风格强调想象力和感性的表达，以创造故事情节和构建独特的世界。

其实不难看出，写作风格的不同主要体现在表达手法、目的和语气上。科学写作强调客观、准确和理性，而不是创意性文学作品的想象力、感性和文学性。科学写作的语气和风格有一定的规律可循，通常应该具备以下特点。

- 客观性：科学写作应尽量避免主观情感，依据客观事实和数据进行陈述。
- 精确性：用准确的词汇和专业术语描述研究结果，确保信息传递的准确性。
- 逻辑性：论文应具备清晰的逻辑结构，段落之间有明确的过渡，以确保读者能够理解研究论点的推理过程。
- 严谨性：在论文中提供详尽的研究方法和实验过程描述，以便其他研究者能够重现实验结果。
- 一致性：保持文章的一致性，避免自相矛盾或混淆读者。
- 简明性：尽量用简洁的语言表达，避免废话和冗长的描述。
- 科学性：科学写作应该以科学研究为基础，确保研究结论可信、可靠。

6.3.3 选择适当的写作风格

选择适当的论文写作风格需要根据目标读者和研究对象来决定，以确保论文在传达信息和表达意思方面能够最有效地达到预期的效果。以下是一些指导原则。

- 了解目标读者：首先，要明确论文的目标读者是谁，可能是同行专家、学术界人士、业界从业者或普通读者。不同的读者群体可能对于专业性、术语使用和技术性细节的接受程度不同，因此选择合适的写作风格至关重要。
- 学术论文写作：如果论文的读者是学术界人士或同行专家，你应该采用更正式、技术性较强的学术论文写作风格。在这种风格中，通常会使用学术术语、引用其他学者的研究，以及采用严谨的逻辑结构和论证方式。
- 商业或专业论文写作：如果论文的读者是业界从业者或企业高管，你的论文可能需要更加直接、实用，强调解决问题的实际应用。在此情况下，你可以考虑使用更加简洁明了的商业写作风格，避免过多的学术术语，而是强调实际案例和建议。

- 普及性写作：如果你的读者是一般公众或非专业人士，如科普文章或宣传材料，你需要用通俗易懂的语言，避免过多的技术术语，以便让读者更容易理解。
- 社科、人文学科及硬科学：社会科学和人文学科的论文通常强调理论、分析和文献回顾，写作风格可能较为严谨。而硬科学的论文可能更加注重实验结果、数据分析和统计，风格可能更偏向技术性。
- 研究对象的特性：考虑论文的研究对象的特性和性质也很重要。例如，如果研究对象是艺术作品，可能需要更加感性、文艺的写作风格；如果是技术产品，则可能需要技术性更强的写作。
- 遵循期刊或出版物要求：如果打算投稿到学术期刊或特定出版物，务必查阅并遵循其投稿要求和写作指南，这些要求通常会明确规定适合的写作风格。
- 保持适度和平衡：无论选择哪种写作风格，都要保持适度和平衡。过于庄重和正式可能会使普通读者难以理解，而过于通俗可能会失去专业性和学术性。

选择适当的论文写作风格是一门艺术，需要综合考虑目标读者和研究对象的特点，灵活运用合适的语言和表达方式，以便更好地传达论文的研究成果和观点。

6.4 避免语句冗长和啰唆

避免语句冗长和啰唆在论文写作中有诸多好处，包括提高可读性、增强清晰度、突出关键信息、提升学术形象、符合学术要求、节约读者时间及强调逻辑连贯性。通过简洁明了的表达，读者更容易理解论文内容，而且能更快捷地获取关键信息，同时符合学术期刊对篇幅的限制。在论文写作过程中，建议不断审查和修改句子，避免语句变得冗长和啰唆。

当判断论文写作的语句是否冗长和啰唆时，通常我们应该注意以下几种情况。

1. 语句长度

一般来说，过长的语句往往更容易冗长和啰唆。建议句子长度控制在15~25个词，过长的语句可能需要拆分成两个或多个简洁的句子。

冗长语句："尽管过去已经进行了许多关于运动对心血管健康潜在好处的研究，但需要考虑其他可能的因素，以便更全面地了解运动与心血管健康之间的关系。"

精简语句："以前的研究探讨了运动对心血管健康的好处，但需要考虑其他因素来全面理解。"

2. 表达是否简明

冗长和啰唆的句子可能使用了复杂的词汇和结构，应检查语句是否用简洁的词汇和结构表达了想要表达的内容。避免使用多余的形容词、副词或废话，尽量用简单明了的语言表达论点。

冗长语句："极度冗长和啰唆的语言运用可能导致信息的晦涩，使得所传达的信息对于接受者来说更加复杂和烦琐。"

精简语句："使用过于复杂的语言会让读者难以理解信息。"

3. 是否重复

重复表达相同意思的内容会使句子显得啰唆，应审查语句中是否有重复表达相同意思的内容。重复的语句可能会使论文显得啰唆，应该避免不必要的重复。

冗长语句："实验旨在研究咖啡因对警觉性的影响，实验结果显示咖啡因对警觉性有积极影响。"

精简语句："实验研究了咖啡因对警觉性的积极影响。"

4. 是否含糊不清

冗长的语句可能导致意思含糊不清，应确保语句表达清晰，逻辑严密，避免含糊或模棱两可的表述。

冗长语句："鉴于涉及的各种因素的影响，可以推断系统的整体表现可能并不完全理想"。

精简语句："鉴于各种因素，系统的整体表现可能不理想。"

5. 是否累赘

多余的修饰语或从句会使语句显得冗长，应删减不必要的修饰语和从句，使语句更加简洁明了。

冗长语句："在过去的十年里，有关气候变化和其对生态系统、人类社会和经济的影响的研究数量大幅增加。"

精简语句："过去十年里，对气候变化及其影响的研究大幅增加。"

要在论文写作中避免语句冗长和啰唆，关键在于平时养成良好的写作和口头表达习惯。很多读者自己平时写作或说话时，有可能意识不到使用的语句冗长和啰唆，因为我们对自己的表达方式较为习惯和熟悉。这时主动向他人寻求诚恳的反馈是非常重要的，因为他人的视角和观察往往能发现自己忽视的问题。

在写作方面，可以请同行或同学阅读自己的文章，并询问他们是否觉得语句过于冗长或啰唆。他们的反馈和意见可以帮助你识别并改进写作中的问题。

在口头表达方面，可以请朋友、家人或同事注意你的说话方式。询问他们是否感觉你说出的语句有时候过于冗长或啰唆，以及是否能更加简洁地表达。

当然，最重要的是要有自我批评的精神，保持开放的心态，时刻欢迎批评性的反馈。主动接受他人的意见，并将其用于改进自己的写作和表达方式，是不断提高自己的关键一步。通过日常练习写作、掌握简洁明了的语言表达，审查并简化句子，阅读优秀文献并学习他人的写作风格，避免过度堆砌信息，可以培养出高质量的写作方法，使论文更具吸引力和可读性。

6.5 避免学术不端和抄袭

学术不端和抄袭可能导致严重的后果，对个人、学术界及整个社会都造成负面影响。首先，学术不端行为会严重损害个人的学术声誉。一旦发现学术不端行为，个人的信誉将受到质疑，可能导致学术界和同行的不信任。其次，论文中存在抄袭或学术不端行为，可能会导致发表的论文被期刊拒稿或被撤销。这些将对个人的学术发展和声誉造成严重打击。

学术不端和抄袭违反了学术机构和期刊的道德准则，可能会面临严重的学术处罚，包括停职、开除等。严重的抄袭行为甚至可能构成知识产权侵权，被他人起诉，面临法律责任和赔偿。除个人受影响外，学术不端和抄袭行为还会损害整个学术界的声誉。这些行为会削弱学术界的诚信和可信度，对整个学术体系造成负面影响。

此外，学术不端和抄袭还会扭曲研究成果的真实性，影响学术研究的进展，浪费其他研究人员的时间和资源。这不仅对学术界的发展有害，还对整个社会的科学进步和发展造成不利影响。因此，为了维护个人声誉、学术界的诚信和学术发展的健康，务必坚守学术道德，避免学术不端和抄袭行为。要记住，诚实、诚信和创新是学术界取得进步和发展的基石。

关于如何避免学术不端和抄袭的发生，以下是一些常见的方法。

- 引用正确：在论文中引用他人的研究或观点时，务必准确地标注引用来源，并按照所使用的引用格式进行引用。确保使用引文引用的方式，将他人的观点和研究结果清楚地与自己的观点区分开来。
- 学习引用规范：掌握学术写作中常用的引用格式，详见第7章《文献引用与参考文献》。不同学科和期刊可能有不同的引用规范，要确保按照正确的格式进行引用。

- 理解和阐释：当引用他人的研究时，确保你已经理解其研究内容，并用自己的语言阐释和解释。避免直接复制粘贴原文，应该通过自己的理解和表达来呈现。
- 合理引用长度：当引用他人的内容时，避免引用过长的部分。一般情况下，引用的长度应该适度，不应该超过原文的比例限制。
- 使用引文标记：当你使用其他人的文字、短语或句子时，务必使用引号标记，明确这部分是引用内容。
- 查重工具检测：在完成论文前，使用查重工具检测您的文档，确保没有不当的抄袭行为。
- 遵守学术规范：严格遵守学术道德规范和学校、期刊等机构的学术诚信政策，了解学术不端和抄袭的定义，避免触犯学术道德底线。
- 合作诚信：在与他人合作研究或写作时，遵循合作诚信原则，明确彼此的责任和贡献，共同确保学术诚信。

总之，避免学术不端和抄袭需要坚守学术道德，确保引用规范，同时倡导诚信合作。这样既能够保护自己的学术声誉，也可以促进学术界的诚信发展。

6.6 章节小结

本章探讨了学术写作中语言与表达的关键要素，旨在帮助读者掌握学术写作的独特表达方式，包括学术术语的运用和学科特定的表述方式。这些方法是确保论文表达准确、专业且具有说服力的关键因素。

本章首先介绍了学术语言的特征和用法，以及学术写作中的专业术语及学科特定的表达方式，这些内容有助于读者用更精准的语言传递研究成果和观点。其次，本章着重强调了表达清晰、简洁和准确的方法。清晰、简洁和准确是学术论文的基石。采用简练的语言和精确的词汇，有助于提高论文的可读性，使读者更容易理解和接受研究成果。

再次，本章介绍了根据目标读者和研究对象选择适当的写作风格。科学写作的语气和风格应该客观、严谨，并与研究内容相匹配。通过正确运用学术语气，读者可以避免主观情感对论文的影响，确保论文的学术性和客观性。

最后，本章强调了避免冗长和啰唆的句子，以及学术不端和抄袭的重要性。消除冗长和含糊不清的语句有助于提高论文的可读性和有效传递观点。同时，坚持学术诚信，避免抄袭，是每个学术从业者应当牢记的责任。

6.7 章节练习

(1) ①选择一个你熟悉的学术领域,撰写一篇短文,运用该领域常见的学术术语和表达方式,介绍其中一个重要的概念或理论;②阅读一篇学术论文,标记出其中使用的学术术语,并分析其用法是否准确和恰当。

(2) ①找到一篇你之前写过的论文或短文,对其中的段落进行重写,以使句子更简洁明了,去掉冗长和含糊不清的表达;②选择一个复杂的主题,尝试用简明扼要的语言,写出一篇较短的论文或摘要,突出重点和主要观点。

(3) ①针对不同的目标读者,选择一个研究主题,写两个版本的摘要,一个面向专业学者,另一个面向普通读者,体现不同的写作风格;②选择一篇学术论文,分析其语气和风格,探讨作者选择这种写作风格的目的。

(4) ①选择一段较长的文字,将其中的长句拆分成更短、更清晰的句子,保持原意不变;②从学术期刊或书籍中找出一篇较难理解的段落,重新组织和简化句子结构,使其更易理解。

(5) ①阅读一篇学术论文,检查其中是否存在未正确引用的资料,指出可能的学术不端行为,并提出正确引用的建议;②针对自己的一个论题,撰写一篇完整的论文提纲和参考文献列表,确保所有引用的来源都得到适当标注。

第 7 章

文献引用与参考文献

文献引用和参考文献是学术论文写作中不可或缺的一部分，它们展示了作者在研究过程中参考和引用的文献，同时提高了论文的可信度和质量。但文献引用和参考文献是两个不同的概念。文献引用是指将在学术论文中引用到的文献信息标注在文章中对应的位置，而参考文献是指在文章末尾或文中脚注中列出所引用文献的详细信息。因此，文献引用是对文章中具体引用的文献信息的标注，而参考文献是列出所有引用文献的完整信息。我们也可以说，文献引用是对文中具体引用的文献的标注，而参考文献是对所有引用文献的列表。

在这一章中，我们将首先介绍文献引用的基本原则和规范，包括引用格式、引用方式、引用数量，以及如何正确地找到、标注和使用文献引用。此外，我们还将介绍参考文献的基本原则和规范，包括参考文献格式、排列方式、引用方式等，以及如何正确地添加、调整和格式化参考文献。

除了基本原则和规范，本章还将介绍一些文献引用和参考文献的技巧和方法，例如，如何适当地选择引用文献的类型，如何准确标注引用的位置，如何避免常见的引用错误等。此外，我们还将介绍一些常用的文献引用和参考文献软件，并说明它们的使用方法。

除了技巧和方法，本章还将强调文献引用和参考文献的学术规范与道德准则，例如，如何避免抄袭，如何正确地引用他人的观点和数据等。通过遵守这些规范和准则，读者可以避免学术不端行为，并提高论文的可信度和质量。

最后，本章将总结文献引用和参考文献在论文写作中的作用与重要性，例如，提高论文的可信度和质量，展示作者的研究深度和广度等。通过本章的学习，读者将能够正确地找到、标注和使用文献引用，正确地添加、调整和格式化参考文献，并遵守学术规范和道德准则，从而写出高质量的学术论文。

本章内容如下。

- 文献引用的基本原则和规范：介绍文献引用的基本原则和规范，包括引用格式、引用方式、引用数量等。
- 文献引用的方法：介绍文献引用的技巧和方法，包括如何正确地找到、标注和使用文献引用。
- 参考文献的基本原则和规范：介绍参考文献的基本原则和规范，包括参考文献格式、排列方式、引用方式等。
- 参考文献的方法：介绍参考文献的技巧和方法，包括如何正确地添加、调整和格式化参考文献。
- 确定文献引用和参考文献的风格：帮助读者了解不同类型的文献引用和参考文献的风格，掌握如何正确选择不同风格的方法。
- 常用的文献引用和参考文献软件：介绍常用的文献引用和参考文献软件，以及它们的使用方法。
- 文献引用和参考文献的学术规范和道德准则：介绍文献引用和参考文献的学术规范和道德准则，如何避免学术不端行为。
- 文献引用和参考文献在论文写作中的作用和重要性：总结文献引用和参考文献在论文写作中的作用和重要性，以及如何提升论文的可信度和质量。
- 中华人民共和国国家标准《信息与文献—参考文献著录规则》(GB/T 7714-2015)。

7.1 文献引用的基本原则和规范

不了解文献引用的基本原则和规范，可能会导致论文的引用不准确、不完整、不一致，甚至存在抄袭的嫌疑。例如，直接引用时未标注原文作者姓名、文献标题、出版时间等信息，会导致引用不完整；同时，如果未按照引用规则进行标注，如括号、标点、文献列表等，会导致引用不准确。此外，如果不了解引用来源和权威性，可能会引用不可靠的资料或网络信息，影响论文的学术价值和可信度。因此，了解和遵守文献引用的基本原则与规范，对于论文写作和学术研究的重要性不言而喻。

论文写作中文献引用的基本原则和规划包括以下几方面。

- 引用格式：引用格式是指文献引用的规范，包括括号、标点、文献列表等。不同的引用格式有不同的规则，例如，APA格式使用括号包含引用，MLA格式使用双引号包含引用，Chicago格式使用括号或短横线来标注引用的位置。引用格式的选择应该根据论文的要求和学术规范来决定。
- 引用方式：引用方式是指文献引用的方式，包括直接引用、间接引用、综述引用等。直接引用是指直接引用原文的句子或段落，并标注相应的文献信息。间接引用是指不直接引用原文，而是转述他人的观点或总结他人的研究成果，并标注相应的文献信息。综述引用是指综合引用多个文献的信息，并标注相应的文献信息。引用方式的选择应该根据论文的要求和学术规范来决定。
- 引用数量：引用数量是指论文中引用的文献数量。论文中引用的文献数量应该适当，过多或过少都会影响论文的质量和学术价值。应该根据论文的主题和内容需要来选择引用的文献数量，同时应该避免过度引用文献，以免影响论文的原创性和学术价值。
- 引用权威性：引用权威性是指引用的文献是否具有权威性和可靠性。引用的文献应该是在相关领域中有一定的学术影响力和被广泛认可的，而不是一些不可靠的资料或网络信息。引用的文献应该来自可靠的平台或机构，如学术数据库、学术期刊、学术出版社等，以保证文献的准确性和可靠性。
- 引用来源：引用来源是指引用的文献来自哪个平台或机构。引用的文献应该来自可靠的平台或机构，同时，应该避免引用未发表的论文或未经审核的资料，以保证论文的学术质量和可信度。

论文写作中文献引用的基本原则和规划应该遵循相应的格式、方式和规则，做到准确、完整、权威和可靠。只有这样，才能保证论文的学术质量和可信度。

7.2 文献引用的方法

文献引用的技巧和方法是学术研究与写作中必须掌握的基本技能，对于保证学术质量、信誉和规范具有非常重要的意义。正确的引用还可以确保论文写作的流畅和避免不必要的返工。以下是常见的文献引用的技巧和方法。

- 完整、准确标注：在引用文献时，需要准确标注文献的出处和作者等信息，包括文章标题、期刊名称、卷号、页码等。标注应该完整、准确、清晰，以便读者能够轻松地找到引用的文献。

- 使用引用软件：使用引用软件可以方便地管理和引用文献，如EndNote、Mendeley等。这些软件可以帮助作者快速建立文献库，并按照规范格式进行引用和参考文献列表的制作。
- 按引用顺序排列：参考文献应该按照引用的顺序排列，以便读者能够清晰地看到引用文献的顺序和来源。
- 使用标准格式：不同的学术领域有不同的引用格式和规范，需要使用相应的标准格式进行引用和参考文献列表的制作。例如，APA、MLA、Chicago等格式都有不同的要求和标准。
- 不歪曲原意、不断章取义：避免对所引用的文献进行歪曲或断章取义，必须准确传达原作者的意思，不得进行曲解或篡改。
- 使用最新或最优版本：在引用文献时，尽量使用最新或最优版本，以获取最新的研究结果和最准确的信息。在查找和获取原始文献时，应该查找最新的版本或最权威的来源，并准确标注文献的出处和作者等信息。
- 尽量使用原始文献：在文献引用时，尽量使用原始文献是一个好的引用习惯。原始文献是指最早发表或正式出版的文献，具有更高的可靠性和权威性。在引用时，应该尽量查找和使用原始文献，而不是转引或引用其他人的总结或观点。
- 避免重复引用：在论文中引用文献时，应该避免重复引用同一篇文献。如果多处引用同一篇文献，只需要在第一次引用时列出引用信息，后续引用可以使用简短的语言或注释进行说明。
- 谨慎使用网络资源：网络资源虽然方便，但常常存在信息更新不及时、数据准确度难以保证、内容质量参差不齐等问题。因此，在引用网络资源时，需要谨慎选择可靠的、权威的网站和信息来源，避免引用不可靠、不准确或存在版权问题的内容。

7.3 参考文献的基本原则和规范

了解了文献引用的原则和技巧后，下面介绍论文写作中参考文献的基本原则和规范，主要包括以下几方面。

- 参考文献格式：参考文献格式是指文献引用的格式，包括期刊文章、图书、报告等。不同的文献类型有不同的格式要求，例如，期刊文章需要标注期刊名称、卷号、页码等信息，图书需要标注出版社、出版年份等信息。在写作论文时，应该根据论文的要求和学术规范来选择相应的参考文献格式，并按照格式要求准确标注文献信息。

- 参考文献排列：参考文献应该按照引用的顺序依次排列，并在文中用序号标注。参考文献列表应该按照相同的顺序排列，包括期刊文章、图书、报告等。在排列参考文献时，应该注意按照作者姓氏的首字母进行排序，并保持文献列表的完整性和准确性。

- 参考文献完整性：参考文献应该完整地包含所有的必要信息，如作者、文章标题、期刊名称、卷号、页码、出版年份、出版社等。同时，应该注意引用文献的完整性和准确性，包括文献的标题、期刊的名称、出版社等，以确保参考文献的完整性和准确性。

- 参考文献一致性：参考文献应该与文中引用内容一致，包括文献标题、作者、出版社等。同时，应该避免引用未发表的论文或未经审核的资料，以保证论文的学术质量和可信度。在引用文献时，应该仔细核对文献信息，确保参考文献与文中引用内容一致，避免引用错误的文献或信息。

- 参考文献来源：参考文献应该来自可靠的平台或机构，如学术数据库、学术期刊、学术出版社等。同时，应该避免引用不可靠的资料或网络信息，以保证论文的学术价值和可信度。在选择参考文献时，应该选择权威的、可靠的平台或机构，并避免引用不可靠的资料或信息，以确保论文的学术质量和可信度。

正确的参考文献格式、排列、完整性和一致性，以及可靠的文件来源，都可以提高论文的学术价值和可信度。同时，作者应该注意文献引用的规范和道德准则，避免学术不端行为的发生。

7.4 参考文献的选择与书写

这里我们分两部分来阐述，先介绍参考文献的筛选技巧，再详述如何规范书写参考文献。

7.4.1 参考文献的选择技巧

在论文写作中，参考文献的选择非常重要，正确筛选参考文献能够提高论文的可读性和可信度。首先，参考文献应该具有代表性，选择最具代表性的工作和观点以支持论文。其次，参考文献应该具有权威性，选用具有权威性的文献可以增强论文的认可度。此外，最新的参考文献更具有说服力，因为它们反映了最新的研究成果和趋势。

引用全面的参考文献也可以增强论文的可靠性，避免被读者质疑。同时，使用规范的引用格式可以增加论文的可读性和易用性，使论文更易于被其他人引用。具有平衡性的参考文献可以确保论文不受某个领域或某个作者的观点所主导，而是反映多个观点和角度。

在选择参考文献时，应关注文献的质量、相关性和数量。选择高质量的参考文献可以确保论文得到更好的认可和引用。相关性强的参考文献可以更好地支持论文，避免引入无关的引用。适量的参考文献可以支持论文，避免过多或过少的引用。为了更快速、更准确地引用参考文献，可以借助一些工具和软件，如文献管理软件或引用格式转换器等。这些工具和软件可以帮助避免常见错误，提高论文的准确性和可读性。

7.4.2 规范书写参考文献的注意事项

为了规范书写参考文献，可以遵循以下步骤。

- 确定引用格式：首先确定所使用的引用格式，严格按照所选引用格式的要求进行排版和引用。
- 收集参考文献：找到要引用的文献，确保它们是权威的、最新的，以及与论文主题高度相关。
- 整理参考文献：将参考文献按照主题或时间顺序组织，以便读者可以更好地理解论文的背景和参考文献的引入。在文本中标记未提及的文献，以便读者可以轻松地区分哪些文献被引用，哪些文献未被引用。
- 正确引用文献：按照所选引用格式的要求，正确地引用文献，包括文献的作者、年份、标题、出版地点、出版社等信息。
- 检查参考文献：最后检查参考文献是否完整、准确，是否代表了最新的研究成果，是否具有权威性和可信赖性，以及是否符合所选引用格式的要求。

7.5 确定文献引用和参考文献的风格

选择正确的引用风格应该优先考虑学科领域和期刊要求，确保论文在学术界得到认可。如果有特定的学术机构或导师要求，请遵守这些要求。另外，了解不同引用风格的特点和格式，可以更好地适应不同的写作任务和目标读者。无论选择哪种风格，一定要保持全文一致，并确保正确引用他人的作品，避免抄袭行为。

7.5.1 国内外常见的论著风格

下面列举了6种论文文献引用和参考文献的风格(或称体例),包括国内和国际常用的风格,并用表格展示它们之间的差异,如表7-1所示。

表7-1 文献引用和参考文献风格对比表

引用风格	文中引用示例	文中引用说明	参考文献示例	参考文献说明	主要特点
MLA(现代语言协会风格)	(Smith 45)	在句子中标明作者姓氏和页码	Smith, John. Title of Book, Publisher, Year.	书籍引用格式:作者名字在前,书名、出版社、年份依次排列	人文学科、艺术领域常用的引用风格
APA(美国心理学会风格)	(Smith, 2010)	在句子中标明作者姓氏和出版年份	Smith, J. (2010). Title of Book. Publisher.	书籍引用格式:作者名字在前,书名、出版社依次排列	社会科学领域、心理学、教育学等领域常用的引用风格
Chicago(芝加哥手册风格)	(Smith 2010)	在句子中标明作者姓氏和出版年份	Smith, John. Title of Book. Publisher, 2010.	书籍引用格式:作者名字在前,书名、出版社、年份依次排列	人文学科、社会科学领域、历史学等领域常用的引用风格
IEEE(电气和电子工程师学会风格)	[1]	用方括号标明引用的顺序编号	[1] J. Smith, Title of Article, Title of Journal, vol. 10, no. 2, pp. 100-110, Year.	期刊文章引用格式:作者名字在前,文章标题、期刊名、卷号、页码等信息依次排列	工程技术领域、计算机科学等领域常用的引用风格
Harvard(哈佛风格)	(Smith, 2010)	在句子中标明作者姓氏和出版年份	Smith, J. (2010) Title of Book, Publisher.	书籍引用格式:作者名字在前,书名、出版社依次排列	广泛用于科学、社会科学等学科,特点是在文中引用和参考文献中都使用作者姓氏和出版年份进行标注
GB/T 7714-2015(中国国家标准)	[1]	用方括号标明引用的顺序编号	[1] 张三, 李四. 文章标题, 期刊名, 2010, 10(2): 100-110.	期刊文章引用格式:作者名字在前,文章标题、期刊名、年份、卷号、页码等信息依次排列	中国国内学术期刊常用的引用风格

根据表格，我们对比了不同的引用风格在文中引用和参考文献格式上的差异，每个风格都有其独特的历史渊源和适用领域，选择合适的引用风格对于撰写准确、规范的学术论文至关重要。以下是每种引用风格的起源和主要特点的简单介绍。

1. MLA风格(现代语言协会风格)

(1) 起源。

现代语言协会(MLA)风格最早由美国现代语言协会在1951年发布的 *MLA Handbook for Writers of Research Papers* 中首次推出。MLA风格最初是为了满足人文学科领域的学者们在撰写论文和出版物时对统一引用系统的需求。随着时间的推移，MLA风格逐渐成为人文学科学术写作的标准引用风格。

(2) 特点。

文中引用使用作者姓氏和页码的格式，以便读者在文中找到具体引用的来源。"Works Cited"页面列出了所有在文中引用的来源的详细信息，包括作者、标题、出版社和出版年份。常用于引用书籍、文章、论文和其他印刷和在线材料。

2. APA风格(美国心理学会风格)

(1) 起源。

APA风格最早由美国心理学会(American Psychological Association)在1929年首次发布，用于解决心理学领域学者在撰写学术论文时引用文献的问题。随着学科范围的扩展，APA风格逐渐成为社会科学、教育学等学科的标准引用风格。

(2) 特点。

文中引用使用作者姓氏和出版年份的格式，以便读者快速识别引用的来源。"Reference"页面提供了引用的全面信息，包括作者、出版日期、标题和出版地点等。常用于引用学术文章、书籍、报告和其他学术资料。

3. Chicago风格(芝加哥手册风格)

(1) 起源。

芝加哥手册风格最早由芝加哥大学出版社(University of Chicago Press)在1906年创建。这种风格最初为学术出版物、书籍和学术论文提供一种统一的引用和格式规范。后来，芝加哥风格逐渐扩展到多个学科领域，成为广泛使用的引用风格。

(2) 特点。

有两种主要的文献注释系统：脚注/尾注-参考文献和作者-日期。前者通常用于人文学科，后者常用于社会科学。脚注/尾注-参考文献系统在文中使用脚注或尾注进行引用，参考文献以"Bibliography"方式列出。作者-日期系统在文中使用作者姓氏和出版年份进行引用，参考文献则以"Reference"方式列出。允许引用多种类型的来源，如图书、期刊文章、报纸和网页等。

4. IEEE风格(电气和电子工程师学会风格)

(1) 起源。

IEEE风格由电气和电子工程师学会(Institute of Electrical and Electronics Engineers)制定，旨在为工程、计算机科学等学科提供统一的引用规范。IEEE风格最初发布于1983年。

(2) 特点。

文中引用使用方括号内的顺序编号，与文中出现的顺序相对应。参考文献清单提供了每个来源的全面引用，包括作者姓名、标题、出版信息和DOI(数字对象标识符)等。主要用于引用技术报告、会议论文、期刊文章和其他技术文档。

5. Harvard风格(哈佛风格)

(1) 起源。

哈佛风格是作者-日期引用风格的通用术语，起源可以追溯到哈佛大学。哈佛风格并没有一个单一的起源点，而是随着时间的推移和学术界的发展逐渐形成。

(2) 特点。

文中引用使用作者姓氏和出版年份，放置在括号内。参考文献清单提供来源的完整信息，如作者、出版日期、标题和出处位置等。该风格科学、社会科学等学科广泛使用，特点是文中的引用和参考文献中都使用作者姓氏和出版年份进行标注。

6. GB/T 7714-2015风格(中国国家标准)

(1) 起源。

GB/T 7714-2015是中国国家标准的引用规范，由中国国家标准化管理委员会制定。该标准旨在统一中国学术出版物的引用格式，于2015年正式发布。

(2) 特点。

文中引用使用方括号内的顺序编号，与文中出现的顺序相对应。参考文献清单提供了详细的引用信息，包括作者姓名、出版日期、标题、期刊或书籍信息和页码等。常用于中国国内学术期刊，用于引用图书、期刊文章、学位论文和其他研究资料。

7.5.2 正确选择文献引用和参考文献的风格

当选择文献引用和参考文献的风格时，需要考虑以下几个关键因素。首先，要考虑所涉及的学科领域。不同学科领域通常偏好特定的引用风格。例如，MLA风格在人文学科领域较为常见，而APA风格在社会科学和心理学领域更为普遍。了解该学科的常用引用风格是非常重要的，可以避免不必要的错误和混淆。

其次，了解期刊要求也是至关重要的。如果你计划投稿到学术期刊，该期刊通常会明确规定所需的引用风格。在投稿之前，请务必查阅该期刊的"作者指南"或"投稿指南"中的引用格式要求，并遵循这些要求进行引用。不遵循期刊的要求可能导致稿件被拒或要求进行修改。另外，还应考虑学术机构或导师的要求。在学术研究中，有些学术机构或导师可能对所用的引用风格有特定要求。在撰写学术论文时，确保遵循学术机构或导师的指导，以确保论文的准确性和规范性。

再次，如果研究具有国际合作或国际读者群体，了解不同国家或地区学术界通用的引用风格也是有益的。一些国际学术期刊可能对特定的引用风格有偏好。在这种情况下，选择广泛接受的引用风格可以增加研究论文的可读性和可接受性。

最后，还应该考虑论文的撰写目的和受众。如果论文是被学术界的同行评审，则可能需要更严格和规范的引用风格；如果论文是面向大众或非专业读者，则可以选择较为简洁易懂的引用风格。根据撰写目的和受众选择适合的引用风格可以增强论文的表达效果。

7.6 常用的文献引用和参考文献管理软件

参考文献管理工具的主要功能包括管理参考文献、自动生成引用和参考文献列表、导出各种格式的参考文献等。这些工具的优点能够帮助研究者快速整理、编辑和管理参考文献，避免手动输入和排版等烦琐的工作，从而提高论文写作效率和质量。

然而，这些工具也需要一定的学习成本，并且不同的引用格式和排版要求可能需要不同的管理工具，需要进行选择和转换。因此，当选择和使用参考文献管理工具时，需要考虑其特点和使用技巧。以下是几种常用的参考文献管理工具及其特点和使用技巧。

1. NoteExpress

- 特点：NoteExpress是一款国产的参考文献管理工具，支持多种文献格式，包括PDF、DOC、DOCX、HTML等。它可以方便地导入、导出文献，组织和管理文献库。NoteExpress还与多种论文编辑器集成，如Word、WPS等，方便用户在写作时快速插入引用和参考文献。NoteExpress还提供了丰富的文献搜索和组织功能，可以帮助用户快速查找和整理文献。

- 使用技巧：NoteExpress可以通过插件与Microsoft Word、WPS等论文编辑器集成，方便用户在写作时快速插入引用和参考文献。使用插件时，应注意选择正确的引用风格，以确保文中引用和参考文献格式的一致性。NoteExpress提供了标签、文件夹等功能，可以帮助用户对文献进行分类和组织，方便后续查找和引用。

2. CNKI E-study

- 特点：CNKI E-study是由国内知名的学术数据库厂商CNKI开发的参考文献管理工具。它支持多种文献格式，包括PDF、DOC、DOCX、HTML等。CNKI E-study提供了丰富的文献搜索和组织功能，可以帮助用户快速查找和整理文献。与多种论文编辑器的集成使得在写作时插入引用和参考文献变得更加便捷。
- 使用技巧：CNKI E-study与CNKI数据库紧密结合，用户可以直接从CNKI数据库中导入文献信息，省去手动录入的麻烦。另外，它还支持离线查找和管理文献，方便在无网络的情况下进行文献阅读和写作。

3. Ilibra

- 特点：Ilibra是一款国产的文献管理工具，支持多种文献格式，包括PDF、DOC、DOCX、HTML等。它提供了文献搜索、组织和管理功能，可以帮助用户快速查找、整理和管理文献。Ilibra与多种论文编辑器集成，如Word、WPS等，方便用户在写作时快速插入引用和参考文献。
- 使用技巧：Ilibra支持在PDF文档中直接标注和批注，方便用户对文献进行重要内容的标记和注释。同时，Ilibra还提供了文献导入和导出的多种方式，如批量导入、导出文献等。

4. EndNote

- 特点：EndNote是一款强大的参考文献管理工具，支持多种文献格式，包括PDF、DOC、DOCX、HTML等。它可以帮助用户快速导入、导出文献，组织和管理文献库。EndNote还提供了丰富的研究工具和插件，可以帮助用户快速完成研究和写作。
- 使用技巧：EndNote提供了Cite While You Write(CWYW)功能，可以与Microsoft Word等论文编辑器无缝集成。用户可以通过CWYW功能在写作时直接插入引用和参考文献，并实时生成文献列表。EndNote支持在多个设备上同步文献库，例如，用户可以在电脑和手机上同步文献，便于在不同设备上查找和管理文献。

5. Mendeley

- 特点：Mendeley是一款免费的参考文献管理工具，支持PDF文档的导入、组织和管理，还可以与其他文档格式进行转换。它提供了文献搜索和组织功能，可以帮助用户快速查找和整理文献。Mendeley与多种论文编辑器集成，如Word、LaTeX等，方便用户在写作时快速插入引用和参考文献。

- 使用技巧：Mendeley提供了Web版和桌面版，用户可以根据需要选择适合自己的版本。Web版可以在任何设备上访问，而桌面版提供更丰富的功能和离线查看。Mendeley支持多人协作，用户可以与同事或团队共享文献库和笔记，方便在研究项目中共同整理和管理文献。

6. Zotero

- 特点：Zotero是一款开源的参考文献管理工具，支持多种文献格式，包括PDF、DOC、DOCX、HTML等。它可以帮助用户快速导入、导出文献，组织和管理文献库。Zotero还提供了丰富的研究工具和插件，可以帮助用户快速完成研究和写作。

- 使用技巧：Zotero提供了浏览器插件，用户可以在浏览网页时一键保存文献信息，并自动提取文献元数据。此外，Zotero还支持PDF文档的标注和批注，方便用户对文献进行阅读和整理。

7. Citavi

- 特点：Citavi是一款专业的参考文献管理工具，支持多种文献格式，包括PDF、DOC、DOCX、HTML等。它提供了丰富的研究工具和插件，可以帮助用户快速完成研究和写作。Citavi与多种论文编辑器集成，如Word、LaTeX等，方便用户在写作时快速插入引用和参考文献。

- 使用技巧：Citavi提供了强大的知识管理功能，用户可以在文献库中创建项目、任务和笔记，辅助研究工作的规划和管理。Citavi的Knowledge Organizer功能可以帮助用户在进行文献阅读和研究的同时，整理和组织重要的知识点与思路，有助于更高效地完成研究和写作任务。

8. RefWorks

- 特点：RefWorks是一款在线的参考文献管理工具，支持多种文献格式，包括PDF、DOC、DOCX、HTML等。它可以帮助用户快速导入、导出文献，组织和管理文献库。RefWorks还提供了丰富的研究工具和插件，可以帮助用户快速完成研究和写作。

- 使用技巧：RefWorks是一款在线工具，用户可以通过网页访问文献库，而不受设备限制。用户可以在任何有网络的地方查找和管理文献。RefWorks支持多人协作，用户可以与同事或合作者共享文献库和笔记，方便在团队项目中共同整理和管理文献。

这些参考文献管理工具在学术研究和论文写作中提供了重要的帮助，不同工具在特点和使用技巧上有所区别，但基本操作有一定的规律可循，以下为可供参考的使用逻辑。

(1) 安装软件并创建个人文献库：每个工具都需要先安装软件，并创建个人文献库。

(2) 导入文献：将需要管理的文献导入文献库中。

(3) 组织和管理文献库：对导入的文献进行组织和管理，可以按照作者、标题、出版年份等分类排序。

(4) 插入引用和参考文献：在写作时，可以通过工具的接口直接插入引用和参考文献，避免手动输入。

(5) 导出文献：可以将文献导出为不同格式，如PDF、DOC、DOCX、HTML等。

需要注意的是，每个工具的具体操作方法和功能可能会有所不同，读者需要根据具体工具的帮助文档和用户指南来学习使用方法和技巧。

7.7 文献引用和参考文献的学术规范与道德准则

文献引用和参考文献的学术规范与道德准则对于学术研究的完整性、可信度和诚信性至关重要。前文中也多次强调，这些准则是学术界的基本要求，是确保学术研究的诚信性和学术质量，以及增强学术界对研究成果的认可和尊重的基础。

在论文中引用他人的成果和观点时，必须确保准确标注来源，包括作者姓名、出版年份、文献标题、期刊或出版物名称等，不得捏造或隐瞒引用来源。在撰写论文时，应避免直接复制其他人的文章、段落或句子，除非使用引用标记将其作为引用进行明确标注，而且引用的原文内容通常不超过5行。抄袭行为严重违反学术诚信，会造成严重的学术不端。

学术界倡导避免过度自引和过度引用他人研究成果。自引是指在文献中引用自己已发表的成果。如果必须自引，请避免过度自引，以及在引用时客观、适度地描述自己的研究。引用次数也应适度，不应通过过多的引用来人为增加他人对自己研究的认可。引用应该是出于学术必要性和合理性，以支持自己的研究论点。

学术研究还需要谨慎引用未发表的研究，如会议摘要或未经同行评审的论文。对于这些信息，应特别谨慎引用，并在文中加以说明。此外，查证引用信息也是十分重要的，要反复核对引用的准确性和完整性，确保引用信息正确无误，以维护学术研究的诚信和可信度。

总体而言，遵守文献引用和参考文献的学术规范和道德准则是每位学者的责任。严格遵循这些准则有助于确保学术研究的诚信性和学术质量，是学术界维护声誉和学术道德的重要举措。这样的规范和准则为学术界的发展和繁荣奠定了坚实的基础。

7.8 文献引用和参考文献在论文写作中的作用与重要性

文献引用和参考文献在论文写作中扮演着至关重要的角色，其作用和重要性体现在多方面。

首先，文献引用和参考文献是支持研究论点和观点的重要依据。通过引用先前的研究成果和专家观点，作者可以为自己的论文提供可靠的支持和证据，增强论文的说服力和可信度。

其次，引用文献为研究提供学术依据和理论支持。学术界强调对论文观点的支撑必须有充分的学术依据，而文献引用正是实现这一点的关键手段。通过引用相关文献，作者能够表明自己的研究在学术界中是有根据的，这有助于增加读者对研究结果的认可度。

最后，文献引用还展示了作者的学术广度和深度。通过引用多样化的文献，作者可以展示对研究领域的全面了解和深入探索。这不仅彰显了作者的学术造诣，还为论文增色不少。

综上所述，文献引用和参考文献在论文写作中的作用和重要性不可忽视。它们是支持论点、提供学术依据、展示学术广度和深度，维护学术诚信的重要手段。遵循引用规范和准则，合理地引用和参考文献，有助于使论文更具学术价值和可信度，提升学术质量和影响力。

7.9 中华人民共和国国家标准《信息与文献—参考文献著录规则》(GB/T 7714-2015)

国内学位论文的引用规范一般参考中华人民共和国国家标准《信息与文献—参考文献著录规则》(GB/T 7714-2015)。这个标准规定了各个学科、各种类型信息资源的参考文献的著录项目、著录顺序、著录用符号、著录用文字，以及各个著录项目的著录方法及参考文献在正文中的标注法。需要注意的是，不同的学术领域和出版社可能会有不同的引用规范要求，具体的引用规范可能会因学科和出版社的不同而有所差异。

7.10 章节小结

本章深入探讨了文献引用和参考文献的基本原则、规范、技巧和方法。

在文献引用和参考文献方面，本章介绍了引用的格式、方式和数量的规范，如APA、MLA、Chicago等。正确的文献引用和正确添加、调整和格式化参考文献可以加强论点，展示学术深度，并向读者提供进一步阅读的途径。同时，掌握文献引用和参考文献的技巧和方法，包括使用引用管理软件和正确标注引用，这将有助于提高写作效率和准确性，能够使论文整体呈现更加规范和专业的风格。

本章还强调了文献引用和参考文献的学术规范和道德准则。学术诚信是学术写作的基石，因此避免抄袭和剽窃他人研究成果至关重要。文献引用和参考文献在论文写作中也扮演着重要角色。它们不仅提升了论文的可信度和学术价值，还为读者提供了进一步阅读的线索，增强了论文的说服力和可读性。遵循相关标准，规范著录文献的方法，是确保论文质量的重要保证。

相信通过掌握本章所介绍的文献引用和参考文献的技巧和规范，读者能够撰写出更具学术价值和影响力的高质量论文，为未来的研究工作不断助力。

7.11 章节练习

(1) 根据论文引用需求，按照指定的引用格式(如APA、MLA等)对正在写作的部分论文章节的文献进行正确引用。

(2) 找到一份自己以往较为不标准的参考文献列表，按照指定的规范将其重新排列。

(3) 选择一个本章提到的引用管理软件，导入一些文献，然后创建一个包含不同类型文献的参考文献列表，并在论文中插入正确的引用标注。

(4) 根据任一论文主题，通过学术数据库或搜索引擎找到相关文献，并进行正确的标注和引用。

(5) 重新审视自己或他人已经完成的论文内容，判断其中是否存在抄袭或不当引用的情况，并给出合理的修改建议。

(6) 找到几个不同学科领域的论文摘要，根据摘要内容选择合适的引用风格。

第 8 章

论文写作与修改

本章将深入研究论文写作与修改这一关键内容,为读者呈现一系列有关论文初稿和修改的方法。首先,本章将探讨如何高效地启动论文的初稿,并分享科学合理的修改方法,确保论文在不断发展中逐步完善。

其次,提纲是论文写作的蓝图,合理地拟订论文的提纲有助于确保论文结构清晰合理、逻辑连贯。本章还将分享论文各部分的写作方法,从引言到方法、结果、讨论等各部分,帮助读者撰写内容丰富且符合学术标准的每部分内容,构建一个有力的论文框架。

再次,本章将讨论论文质量的评估标准。了解如何客观地评估论文的优劣非常重要,知晓衡量论文质量的准则,可以帮助读者在论文修改过程中更加明确地识别潜在问题,并加以解决。同时,本章还将聚焦导师评审和反馈的处理。了解如何正确理解和应对导师的评审意见,以及如何将导师的反馈融入修改过程,将有助于推动论文不断改进,达到更高的学术水平。

然后,本章将探讨论文完善的策略。帮助读者了解在修改过程中常见的陷阱和误区,并掌握改进论文的有效策略,从而更好地应对写作过程中遇到的挑战,使论文写作更加顺利。

最后,本章将专注于语言和结构的优化。清晰的语言表达和良好的结构对于论文的质量至关重要。本章将为读者提供优化语言和结构的方法,使修改中的论文更具可读性和说服力。相信通过本章内容的学习,读者能够顺利完成论文的写作与修改,完成初具雏形的学术作品。无论你是初学者还是经验丰富的作者,本章内容都将为你的论文写作之路带来新的启发。

本章内容如下。

- 论文的初稿和修改方法：帮助读者掌握高效撰写论文初稿的方法，以及科学合理地进行修改，确保论文逐步完善。
- 论文提纲如何拟订：探索制定清晰提纲的步骤和方法，确保论文结构合理，逻辑连贯。
- 论文各部分的写作方法：为引言、方法、结果、讨论等各部分提供实用建议，助力读者撰写内容丰富且符合学术标准的每部分内容。
- 论文质量的评估标准：了解客观评估论文优劣的标准和方法，帮助读者识别潜在问题并加以改进。
- 导师评审和反馈的处理：对于导师评审和反馈的实用策略，应确保将导师意见融入修改过程，推动论文不断进步。
- 论文完善的策略：分享修改过程中的常见策略，持续提升论文质量。
- 语言和结构的优化：优化语言表达和结构，使论文更具可读性和说服力。

8.1 论文的初稿和修改方法

论文初稿是指学术论文的第一个版本或起始版本。它是在完成研究工作后，根据研究成果撰写的论文内容的初始形式。论文初稿并不是最终的完整版本，通常还需要进行修改、润色和改进，最终形成最终版的学术论文。

8.1.1 论文开头的写作方法

论文写作的启动阶段可能是一个相当困难的过程，尤其对于一些读者来说。这是因为在开始写作之前，可能需要面对一些心理和实际上的挑战。以下是一些可能导致论文写作启动困难的原因，以及应对方法。

- 缺乏清晰的方向和计划：不知道从何处开始和如何组织论文是常见的问题。解决方法是先制订一个明确的写作计划，包括确定论文的主题、目标和结构。制定提纲和草稿，将有助于你找到方向。
- 恐惧和压力：对写作质量的担忧、害怕失败或对学术要求的压力可能导致拖延。面对这些情绪，你可以尝试采取积极的态度，接受写作是一个学习和成长的过程，而不是完美无缺的一次性成就。

- 信息收集和研究阶段耗时：在开始写作之前，你可能需要花费大量时间收集资料和进行研究。解决方法是确保在动笔之前，你已经有足够的材料且已经了解研究领域的基本知识。或者为自己制定一个资料收集和研究的截止时间，无论如何都在截止时间到来之前完成该阶段的准备。
- 拖延习惯：拖延往往是写作过程中的一个常见问题。要克服这个问题，你可以设定明确的时间表和写作计划，同时设立小目标，逐步完成论文的各部分。学会为每个小目标设置奖励与惩罚，并且寻找监督人或搭档共同进步，也不失为一种好的方法。
- 缺乏动力和兴趣：如果你对论文的主题或内容缺乏兴趣，那么启动将变得更加困难。在可能的情况下，选择一个你真正感兴趣的主题，这样你会更有动力进行写作。
- 寻求完美：这点非常重要，试图在开始阶段就写出完美的句子和段落一定会阻碍进展。可以在写作初期，放下对完美的追求，专注于将想法表达出来，之后再进行修改和润色。
- 分心和干扰：在数字化时代，大家容易受到手机、社交媒体等干扰，使得专注于写作变得困难。可以尝试找到一个安静的写作环境，并设定专注时间，避免分心。

最重要的是要认识到论文写作是一个逐步演进的过程，不要对自己要求过高。应采取积极的态度、制订明确的计划和目标，并努力克服拖延和困难，这将有助于启动并顺利进行论文写作。

8.1.2 学位论文的开题报告

开题报告是在开始进行学位论文研究之前，向导师和相关评审委员会汇报研究计划和论文主题的一份文档。以下是开题报告的概念，以及开题报告和论文初稿的关系。

在开题报告中，研究者需要说明自己的研究背景、研究问题、研究目标、研究方法、拟解决的关键问题及预期的研究结果等。开题报告的目的是让导师和评审委员会了解你的研究计划，提供反馈和建议，并确保你在正确的方向上进行研究。

而论文初稿是指在研究阶段结束后，完成学位论文的第一个版本。这个初稿可能并不是最终的完美版本，但它包含了论文的整体结构、主要内容和初步的研究结果。论文初稿是学位论文写作过程中的重要里程碑，它标志着完成了研究工作的第一阶段。

值得注意的是，开题报告和论文初稿在学位论文的整个写作过程中具有紧密的关系。开题报告是论文写作的起点，它确定了论文的研究方向、目标和方法。在获得导师和评审委员会的批准后，你可以根据开题报告中确定的研究计划开始实际的研究工作。

完成研究阶段后，即可开始撰写论文初稿。论文初稿是根据你的实际研究工作所写的，它应该包含所有必要的论文部分，如摘要、引言、方法、结果、讨论等。论文初稿可能需要进一步的修改和完善，以提高其质量和逻辑性。

总的来说，开题报告和论文初稿是学位论文写作过程中两个重要的阶段。开题报告确立了研究计划，而论文初稿是研究工作的具体体现。通过认真准备开题报告和不断完善论文初稿，你将为成功完成高质量的学位论文打下坚实的基础。

8.1.3 论文初稿的内容

论文初稿是学位论文写作过程中的重要里程碑，它标志着研究阶段的结束，为接下来的修改和完善提供了基础。论文初稿一般应包含以下主要部分。

- 标题页：包括论文的标题、作者姓名、导师姓名、学校名称、学位等信息。
- 摘要：简要概括论文的主要内容、研究目的、方法和结果。
- 引言：介绍研究的背景和动机，明确研究问题，并阐述研究目的和重要性。
- 相关文献综述：回顾与论文研究相关的已有文献和研究成果，展示研究领域的研究进展和现状。
- 研究方法：详细描述用于进行研究的方法、实验设计、数据采集方式等。
- 结果：展示研究获得的主要数据、实验结果或其他发现。
- 讨论：对研究结果进行解释和分析，探讨与已有研究的联系和差异。
- 结论：总结论文的研究成果，强调研究的贡献，并提出进一步研究建议。
- 参考文献：列出在论文中引用的所有文献和资料。
- 附录：包含一些论文正文中未展示的辅助性数据、图表、公式等。

论文初稿和最终版学术论文之间还有很多差别。论文初稿只是学术论文的第一个版本或起始版本，它是在完成研究工作后，根据研究成果撰写的论文内容的初始形式。最终版学术论文是经过修改、润色和改进后的最终版本，是符合学术标准和要求的完整论文。下面是论文初稿和最终版学术论文之间的主要差别。

1. 完整性和详尽性

初稿：论文初稿可能在某些部分不完整或不详尽，例如，可能缺少某些实验结果、数据分析，或者还没有完整的结论部分。

最终版：最终版学术论文应该是完整的，包含所有必要的部分，所有实验结果、数据和分析都要充分呈现，结论部分应该明确总结研究成果。

2. 语言表达和文笔

初稿：初稿中的语言表达可能比较粗糙，文笔可能不够流畅，有时会存在错别字、语法错误等问题。

最终版：最终版学术论文经过多次修改和润色，语言表达更加精练、准确，文笔更加流畅，符合学术写作的规范。

3. 结构和组织

初稿：初稿中的论文结构和组织可能不够清晰，各部分之间的连接可能不够流畅。

最终版：最终版学术论文应该有清晰的结构和组织，各部分之间应该有紧密的逻辑联系，形成一个完整的学术论证体系。

4. 格式和引用规范

初稿：初稿可能还没有完全遵循学术论文的格式和引用规范，如参考文献格式可能不正确。

最终版：最终版学术论文应该严格按照期刊或学校要求的格式和引用规范进行排版与引用。

5. 导师或同行评审反馈

初稿：初稿提交后，可能会收到导师或同行的评审反馈，指出论文存在的问题和需要改进的地方。

最终版：根据导师或同行的评审反馈，作者对论文进行了修改和完善，确保最终版论文质量更高。

综上所述，论文初稿是学位论文写作的第一个版本，是学术研究的起点。最终版学术论文是经过反复修改和完善后的最终成果，符合学术标准，具有高质量的学术价值。最终版学术论文通常是经过导师或同行的认可，被正式提交、发表或答辩的版本。

8.1.4 确保论文初稿的顺利完成

在开始写作之前，制订一个详细的写作计划非常重要。这个计划应包括每天或每周的写作目标和时间安排。要确保计划合理可行，并留出一些弹性，以应对可能的延迟和调整。同时，明确论文的整体结构，制定详细的提纲，将有助于你有条不紊地进行写作，避免在写作过程中迷失方向。

在写作初稿时，保持专注是非常重要的。应尽量避免分心和干扰，设定专注的写作时间，避免在写作过程中频繁检查社交媒体或电子邮件等。同时，应认识到拖延可能是写作过程中的障碍之一，要采取积极的态度克服它。一旦完成计划中的写作任务，要及时奖励自己，增强写作动力。

在开始写作前，要确保你已经收集了足够的资料和文献。这将有助于你在写作过程中充分支撑自己的观点和论证。同时，可以将论文写作分为若干个阶段，逐步完成每个阶段的内容。例如，可以先写摘要、引言等部分，再逐步补充其他部分，这样有助于你逐渐进入写作状态，提高写作效率。

在初稿修改期间，可以寻求导师或同行的意见和建议，接受他们的反馈，并将其应用于改进论文质量。此外，要坚持写作，不断进行自我检查和修改。初稿写完后，对论文内容进行不断完善，确保论文质量得到提升。

尽量每天保持一定的写作时间，最好是固定的时间段，这样有助于养成写作的习惯。拿我自己来举例，我习惯于早起开始写作，往往天刚刚亮时是头脑最为清醒的时间。这样坚持日更，有助于提高写作效率。同时，保持积极的心态也是顺利完成论文初稿的关键。要相信自己的能力，相信自己可以完成这个任务。写作是一个学习和提高的过程，不要对初稿要求过高。相信随着不断的修改和完善，你一定会完成一份优秀的学术论文。

8.1.5 论文初稿是"边写边改"还是"写完再改"

其实，论文初稿是"边写边改"还是"写完再改"这个问题没有固定的答案，仁者见仁，智者见智。该问题的答案取决于个人的写作风格和偏好，不同的作者可能会有不同的习惯和偏好，因此选择何种方式来完成论文初稿也应根据个人情况进行权衡。

1. 边写边改

这种方式意味着在写作过程中同时进行修改和润色。在写完一个段落或一个部分后，作者会立即回顾和修改它，确保语言表达准确、逻辑清晰。这种方法的优势在于可以及时纠正错误，保持写作的连贯性，并避免在写完整篇论文后，再面对大量的修改和重写。它也有助于提高写作的流畅性和质量。

2. 写完再改

这种方式意味着在完成整篇论文的初稿后，再进行修改和润色。在这个阶段，作者专注于将想法表达出来，不过多担忧语言和结构的问题。初稿完成后，作者再回过头来仔细审查和改进论文的内容和表达方式。这种方法的优势在于可以让作者集中精力完成内容，不会在写作过程中过于纠结于细节，从而提高写作效率。

如果你是一个细致认真的作者，善于及时纠正错误和改进写作，边写边改可能更适合你。这种方式可以让你在写作过程中保持高度的警惕，不会让错误和问题积累到最后。

如果你更倾向于将所有注意力集中在写作内容的集中输出上，而不希望在写作过程中被细枝末节的修改分散注意力，那写完再改可能更适合你。这种方式可以让你在写作初稿时放松一些，将创作的重心放在内容上，而不是担心语言和结构问题。

不过无论你选择哪种方式，重要的是要认识到写作是一个逐步完善的过程。初稿往往不是最终版本，最终版的优化和润色可以通过多次修改来实现，先选择一个你认为合适的方式完成论文初稿最为关键。

8.2 拟订论文提纲

说到论文提纲，很多读者会把它和论文的章节目录混为一谈，认为拟订论文提纲就是提前确定论文的章节目录，这里我们要先做概念上的区分。论文提纲和论文章节目录都是学术论文的结构框架，它们之间有密切的关系，但在具体含义和用途上有明显区别。

- 论文提纲(outline)：论文提纲是论文写作之前制订的一个简要计划或大纲，用于规划整篇论文的结构和内容。它是一个包含主要章节和各个章节的标题或关键词的清单。论文提纲可以帮助作者明确写作的方向，确保论文的结构合理、逻辑清晰，并避免在写作过程中偏离主题。提纲可以是简单的一级标题，也可以是详细的二级或三级标题，取决于论文的复杂程度和需要。
- 论文章节目录(table of contents)：论文的章节目录是学术论文最终成品中的一个部分，通常位于论文的前言或引言部分。它是指按照一定的格式，列出论文中所有章节和各章节的标题，以及对应的页码。论文的章节目录是为了方便读者快速查找论文中的不同部分，帮助读者理解论文的结构和内容。它也是论文排版的一部分，应确保论文的整体布局和格式规范。

论文提纲是在写作论文之前制定的规划性的结构框架，用于指导论文的撰写。而论文的章节目录则是最终论文的一部分，它根据实际完成的论文内容和结构列出论文的章节和标题。论文的章节目录可以说是论文提纲在最终成品中的体现。

通常情况下，论文提纲会在写作论文之前制定，而论文的章节目录会在论文完成后整理。在写作过程中，作者可以根据论文的提纲来组织和展开内容，而最终成品中的章节目录则是读者了解论文结构和导航的依据。

8.2.1 论文提纲的意义

认识到论文提纲和章节目录的差别之后，我们会发现，论文提纲在学术论文写作中有着非常重要的意义，它对于整个论文的撰写和组织起着指导作用。以下是论文提纲的几个重要意义。

- 规划论文结构：论文提纲是论文写作之前制定的一个规划性的结构框架。它帮助作者在开始写作之前对整篇论文的结构有一个清晰的了解和规划。提纲中列出了主要的章节和各个章节的标题，帮助作者明确每部分的内容和安排，使得论文的结构有条不紊、层次清晰。
- 确保逻辑连贯：在论文提纲中，作者可以合理安排论文各部分之间的逻辑顺序和衔接关系。这样在写作过程中，作者可以按照提纲的结构进行有序的写作，避免在撰写时出现跳跃和混乱的情况。论文提纲有助于确保整篇论文的逻辑连贯性，使得读者能够清晰理解论文的论证过程。
- 避免偏离主题：论文提纲明确了论文的主要内容和重点，帮助作者在写作过程中避免偏离主题。通过提纲，作者可以时刻关注论文的核心研究问题和论点，不会在写作过程中走题或涉及无关内容。
- 提高写作效率：有了论文提纲，作者可以根据提纲逐步完成每部分的写作。这样可以避免在写作过程中迷失方向，节省时间和精力，提高写作的效率。

论文提纲对于规划论文结构、确保逻辑连贯、避免偏离主题和提高写作效率等都具有重要的意义。一个清晰合理的论文提纲是成功完成学术论文的关键之一。

8.2.2 何为清晰合理的论文提纲

一个好的论文提纲应该具备以下特点：首先，提纲应完整包含学术论文所必需的主要部分，如摘要、引言、相关文献综述、研究方法、结果与讨论、结论等。这样的完整性可以确保整篇论文写作时内容覆盖全面，具有学术完整性。

其次，提纲应按照逻辑顺序和层次分明地组织论文的各部分，反映出论文的整体结构和思路。每部分之间应该有明确的衔接关系，使得整篇论文的论证过程连贯且易于理解。另外，提纲应为简洁的语言表达，直接表达每部分的主题和内容，让自己在写作时能够一目了然。

最后，一篇好的论文提纲一定要预留修改空间，以应对在写作过程中可能出现的变化和调整。为了保持灵活性和可调整性，可以使用灵活的标题和子标题，并在提纲中标记可能需要修改的部分。同时，可以与导师或同行讨论，听取他们的意见，并在提纲中留白和批注空间，记录想法和调整。这样的灵活提纲能够指导论文的撰写，同时允许随时调整和改变，确保整个写作过程顺利进行。

8.2.3 拟订论文提纲的步骤

拟订论文提纲是论文写作的重要第一步，它为整个论文的撰写提供了一个清晰的结构和方向。以下是拟订论文提纲的详细步骤。

(1) 研究论文主题和目的：首先明确论文的主题和研究目的。清楚地知道论文要解决的问题或探讨的主题是什么，以便在提纲中体现出论文的核心内容。

(2) 确定论文的主要部分：确定论文应包含的主要部分。通常，学术论文包括摘要、引言、相关文献综述、研究方法、结果与讨论、结论等部分。根据论文的具体类型和要求，可能还包括附录、致谢等。

(3) 安排论文部分的顺序：根据逻辑顺序，安排论文各部分的顺序。一般情况下，论文的结构应该从引言开始，逐步展开，最后以结论或讨论部分结束。

(4) 编写每部分的主题：为每部分编写简洁明了的主题，用以描述该部分的内容和重点。主题应该简明扼要，准确反映各部分的核心内容。

(5) 确定每部分的子主题：对于较大的部分，可以进一步细化为子主题或子标题。这样可以让提纲更加详细和有层次，有助于论文的组织和写作。

(6) 确保逻辑连贯：确保各部分之间有明确的逻辑关系和衔接。各部分之间的主题应该相互关联，构成一个连贯的整体。

(7) 考虑并列和层次：在提纲中，要考虑并列和层次结构，使得论文的结构清晰有序。使用合适的标号和编号，帮助读者理解各部分之间的关系。

(8) 灵活性和调整：提纲应该保持灵活性，允许在写作过程中进行必要的调整和修改。预留一定的修改空间，以应对新的发现和调整需要。

(9) 参考相关论文：参考其他相关的学术论文，了解论文结构和提纲的常见模式，借鉴经验和方法。

(10) 定期回顾和完善：在写作过程中，定期回顾提纲，并根据实际进展完善和调整提纲。确保提纲与论文的内容和结构保持一致。

通过以上步骤，可以拟订出一个清晰合理的论文提纲，将为你接下来的论文写作提供明确的框架和指导，使得整个写作过程更加有序和高效。

8.2.4 拟订提纲的常见误区

拟订提纲是论文写作的重要步骤，但在实际操作中，很容易遇到一些常见误区。以下是一些常见的拟订提纲的误区，并附上相应的简化示例。

(1) 主题过于笼统：提纲中主题过于笼统，缺乏具体细化，导致论文结构不清晰，缺乏重点。

示例：论文主题为"环境保护问题"，提纲如下。

环境问题概述

环境保护的重要性

环境保护的挑战

环境保护的措施

这样的提纲过于笼统，没有明确指出具体要研究的问题和研究范围，容易使论文内容零散、无重点。

(2) 主题冗杂：提纲中主题过多，涵盖范围过广，导致论文内容过于庞大，难以深入研究。

示例：论文主题为"人工智能的应用"，提纲如下。

人工智能技术综述

人工智能在医疗领域的应用

人工智能在教育领域的应用

人工智能在交通领域的应用

人工智能在金融领域的应用

这样的提纲涵盖的主题过多，无法在有限篇幅内深入探讨每个领域的应用，导致论文内容浅尝辄止，缺乏实质性的研究和分析。

(3) 缺乏逻辑衔接：提纲中各部分缺乏逻辑衔接，导致论文内容组织混乱，读者难以理解论文的论证过程。

示例：论文主题为"城市交通拥堵问题与解决方案"，提纲如下。

交通拥堵问题分析

公共交通改善措施

道路交通优化

减少私人车辆出行

这样的提纲各部分缺乏明确的逻辑关系和衔接，难以形成一个连贯的论证过程，使得论文内容显得零散、无章法。

(4) 缺乏具体细节：提纲中缺乏具体的细节和论文内容，使得论文写作过程中无法指导实际撰写。

示例：论文主题为"环境污染治理"，提纲如下。

环境污染现状

环境污染治理方法

环境污染防治措施

这样的提纲缺乏具体的细节和论文内容，无法指导作者在实际写作中如何进行具体的研究和论证。

要避免以上误区，拟订提纲时应注意主题的准确定义、结构的合理划分、逻辑关系的清晰衔接、具体细节的充实，以确保提纲的质量和实用性。以下为详细的、基本符合清晰合理标准的学位论文提纲示例。

标题：人工智能技术背景下特大城市交通规划与管理研究——以B城市为例

第1章 绪论

1.1 研究背景

介绍特大城市交通规划与管理研究的背景，探讨当前特大城市交通面临的挑战和问题。

1.2 研究的目的与意义

阐明本研究旨在利用人工智能技术解决特大城市交通问题的目的与重要意义。

1.3 研究的依据

介绍本研究所依据的政策文件、数据统计等相关依据。

1.4 核心概念的界定

确定本研究涉及的关键概念和术语的定义，明确研究范围。

1.5 文献综述

综合分析国内外特大城市交通规划与管理领域的相关文献研究成果，探讨已有的人工智能技术在交通领域的应用情况。

1.6 研究方法

介绍本研究采用的研究方法，包括数据采集、模型建立、实验设计等方法。

1.7 研究思路

概述本研究的整体思路和研究步骤，以及各章节之间的逻辑关系。

第2章 特大城市交通挑战与现状分析

2.1 特大城市交通发展现状

分析B城市特大城市交通发展的现状，包括交通基础设施、交通运行情况等。

2.2 交通管理面临的挑战与问题

探讨特大城市交通管理所面临的挑战和存在的问题。

2.3 人工智能技术在特大城市交通领域的引入与应用

介绍人工智能技术在特大城市交通领域的应用情况,以B城市为案例进行具体展示。

第3章 交通规划中的人工智能应用

3.1 基于人工智能的交通需求预测与流量管理

探讨如何利用人工智能技术进行交通需求预测和交通流量管理的优化。

3.2 交通网络智能优化与规划

研究如何应用人工智能技术进行交通网络智能优化和规划,提高交通效率。

3.3 智能决策支持系统在特大城市交通规划中的应用

介绍智能决策支持系统在特大城市交通规划中的实际应用情况,以B城市为案例进行说明。

第4章 交通管理中的人工智能应用

4.1 智能信号优化与交通控制

探讨如何利用人工智能技术进行智能信号优化和交通控制,缓解交通拥堵问题。

4.2 基于人工智能的交通监管与违章识别

研究人工智能在交通监管和违章识别方面的应用,提高交通管理效率。

4.3 人工智能在特大城市交通事故预防中的应用

分析人工智能技术在特大城市交通事故预防中的实际应用情况,以B城市为例进行案例分析。

第5章 交通大数据挖掘与分析

5.1 交通大数据采集与处理技术

探讨交通大数据的采集和处理技术,确保数据质量和可用性。

5.2 人工智能在交通大数据挖掘与分析中的应用

研究人工智能技术在交通大数据挖掘与分析方面的应用,挖掘交通数据的潜在价值。

5.3 数据驱动的交通决策与政策制定

探索如何利用数据驱动的方法进行交通决策和政策制定,实现智能交通管理。

第6章 人工智能技术应用效益评估与案例分析

6.1 评估指标与方法

确定评估人工智能技术应用效益的指标和方法,进行综合评估。

6.2 特大城市B城市交通案例分析

对B城市人工智能技术应用效益进行具体案例分析,评估其实际效果。

6.3 应用效益与社会经济影响评估

分析人工智能技术应用在特大城市交通规划与管理中带来的效益和社会经济影响。

第7章 面临的挑战与未来发展趋势

7.1 人工智能技术应用中的隐私与安全问题

探讨人工智能技术应用在交通规划与管理中可能面临的隐私和安全问题，并提出应对措施。

7.2 人工智能与交通可持续发展的关系

分析人工智能技术对交通可持续发展的促进作用，探讨其发展方向。

7.3 技术集成与智能交通系统实现的挑战

探讨人工智能技术在交通领域应用的技术集成问题，以及实现智能交通系统的挑战和路径。

第8章 政策建议与应用推广

8.1 政府决策层面的建议

提出政府决策层面针对特大城市交通规划与管理中人工智能技术应用的政策建议。

8.2 推广人工智能技术在特大城市交通领域的策略

提出推广人工智能技术在特大城市交通规划与管理领域的具体策略和措施。

8.3 未来发展方向与展望

展望人工智能技术在特大城市交通领域未来的发展方向，并对相关研究方向进行展望。

结论

参考文献

附录：数据处理与算法实现代码

我们可以看出，该提纲在结构安排上基本清晰合理，每部分都有较为明确的主题和细分内容，避免了内容冗杂和逻辑混乱的问题。同时，提纲中的各部分相互关联，形成一个连贯的论证过程，使得接下来的论文写作具有较高的可行性。但仍需注意的是，这个示例仅为论文写作初期的提纲示例，并不是最终版学位论文的章节目录，仍有一定的提升空间和灵活度。

8.3 论文各部分的写作方法

本章已对论文的基本结构有了初步的探讨，接下来就论文各部分的具体的写作方法进行介绍。

学术论文通常包含以下几部分。

- 标题页：标题页是论文的封面，包含文章的题目、作者的姓名、指导教师(如果适用)、学校或机构的名称、提交日期等基本信息。
- 摘要：摘要是论文的简短概述，旨在让读者快速了解论文的主要内容、研究目的、方法、结果和结论。摘要通常在开篇处，是吸引读者进一步阅读的重要部分。
- 目录：目录列出了论文中各个章节和段落的标题，以及相应的页码，方便读者查找和导航。
- 引言：引言(或绪论)部分引出论文的研究主题和背景，并提出研究问题、目的和重要性。它还可以回顾相关的先前研究和文献，为后续内容奠定基础。
- 文献综述：文献综述部分是对与研究主题相关的先前研究和文献进行综合分析和总结。这有助于指出当前研究的空白和重点，并展示作者对该领域已有研究的了解。
- 研究方法：研究方法部分描述了研究所采用的方法论和实验设计。它涵盖了数据收集、实验操作、样本选择和统计分析等内容，以确保研究的可复制性和可验证性。
- 结果：结果部分呈现了研究的实际数据和发现。通常使用表格、图表或统计数据来展示结果，有助于读者更直观地理解研究成果。
- 讨论：讨论部分解释和分析了研究结果，并将其与文献综述进行比较。作者在讨论中解释结果的意义、局限性及可能的解释，同时提出进一步研究的建议。
- 结论：结论部分对整个研究进行总结，并强调研究的重要性和贡献。作者在结论中回答研究问题，并强调结果对学术界和实际应用的意义。
- 参考文献：参考文献部分列出了在论文中引用的所有文献来源，如图书、期刊文章、会议论文和网页等。这些引用资料是读者查证和深入了解研究基础的重要依据。
- 附录：附录部分包含一些在正文中可能过于冗长或详细的信息，如技术细节、额外的图表、数据、问卷调查等。附录的内容对于验证研究的可信度和完整性非常重要。

需要注意的是，不同学科和期刊可能对论文结构有所差异，因此在撰写论文时最好参考所在领域的学术规范和期刊要求。以上列举的内容是一般学术论文的通用结构。

8.3.1 标题页的写作方法

标题页是论文的封面,是读者了解论文基本信息的入口。因此,撰写标题页时应注意以下详细的写作方法。

1. 标题的选择

- 标题应简明扼要地概括论文的主要内容和研究目的,避免过于晦涩或冗长。
- 使用清晰的词汇和术语,确保读者能够准确理解论文的主题。

2. 作者信息

- 在标题下方署上作者姓名,按照通常的惯例,将第一作者放在第一位,其后为其他作者。
- 对于学术论文,作者名字一般只写姓氏,中间可以用缩写。
- 如果有多个作者,应使用数字上标标识不同作者,并在标题页的底部提供各作者的联系方式(如电子邮件地址)。

3. 学校或机构信息

- 在作者信息下方,写上所属的学校、大学、研究机构或公司的名称。
- 如果是学位论文,则在学校名称后注明学位类型(如学士、硕士、博士)。

4. 指导教师信息(如果适用)

- 如果论文是在导师的指导下完成的,应在学校或机构信息之后写上指导教师的姓名。
- 指导教师的姓名可以放在"指导教师:"或"导师:"前缀的后面。

5. 提交日期

- 在指导教师信息之后,写上论文的提交日期。确保日期的格式与论文投稿的要求相符。

6. 页面布局和格式

- 标题页整体应居中排布,使其看起来整洁美观。
- 使用合适的字体和字号,通常标题使用较大的字号,作者信息和其他细节可以使用稍小的字号。
- 确保标题页的格式与学术机构或期刊的要求一致,包括页边距、行距等。

7. 封面设计(选用)

- 对于一些正式的学术论文或学位论文，封面设计可能包含学校或研究机构的徽标、专业标志等。
- 选择合适的配色和排版，使封面看起来专业且具有吸引力。

8. 打印或提交要求

- 如果论文需要打印提交，应确保标题页的打印质量良好，避免出现模糊或剪切不齐的情况。
- 如果论文需要在线提交，应确认标题页信息是否完整且符合要求。

标题页是论文的门面，其内容要准确、规范，布局和格式要整齐美观。正确的标题页撰写可以为读者提供清晰的信息导引，给人以严谨和专业的印象。在写作时，最好参考所在学校或期刊的格式要求，并在提交前多次核对以确保准确无误。

8.3.2 摘要的写作方法

摘要是论文的简短概述，是读者了解论文主要内容和价值的重要部分。写作摘要时，需要注意以下详细的方法。

1. 简洁明了

- 摘要应该简明扼要，避免冗长的叙述和无关紧要的细节。
- 通常，摘要的长度应控制在规定的字数内，确保言简意赅。

2. 结构清晰

- 摘要应包含简洁的导言、研究目的、方法、主要结果和结论，确保逻辑结构清晰明了。
- 有时可以使用分段来突出不同的内容部分，使摘要更易读。

3. 语言简练

- 使用简练明了的语言表达，避免使用复杂的词汇、长句和难懂的缩写。
- 在写作中，尽量使用常用词汇，使摘要容易被广大读者理解。

4. 突出重点

- 强调研究的重要性、创新点和研究的核心结果，突出论文的价值和贡献。
- 使用明确的语句，使读者能够快速了解论文的核心内容和意义。

5. 不透露新信息

- 摘要中不应包含正文中未出现的数据、结论或引用，确保摘要是对论文内容的概括，而非补充。
- 摘要的写作顺序应与正文一致，避免提前透露未在正文中出现的内容。

6. 回答研究问题

- 摘要应回答研究的主要问题和目标，让读者明确论文的研究范围和定位。
- 通过简洁明了的陈述，让读者知道论文的核心研究内容是什么。

7. 使用规范的格式

- 摘要的格式应符合学术论文的要求，摘要通常位于论文开篇处，直接写在标题下方。
- 在特定的学术领域，可能会有一些特定的格式要求，如关键词、术语的使用等，应根据要求进行设置。

8. 校对和修改

- 写完摘要后，应进行仔细校对和修改，确保没有拼写错误、语法错误或排版问题。
- 可以请同行或导师阅读摘要，获得反馈和建议，以确保摘要的质量和准确性。

摘要是论文的重要部分，很多读者只会通过阅读摘要来了解论文的内容和重要性。因此，撰写摘要时要全面准确地概括论文，突出研究的贡献和价值，同时确保简洁明了，以吸引读者深入阅读整篇论文。

8.3.3 目录的写作方法

目录是论文结构的蓝图，提供了论文章节和页码的索引。编写目录时，以下是一些详细的写作方法。

1. 标题层次

- 在目录中使用适当的标题层次，以反映论文的结构和章节之间的层次关系。
- 主标题(如引言、方法、结果、讨论、结论等)应使用较大的字号，子标题则使用较小的字号或参考相应的格式要求。

2. 清晰明了

- 目录应该清晰明了，使读者一目了然地了解论文的结构和组织方式。

- 确保标题简洁、准确，不要使用过于复杂的词汇或术语。

3. 与正文一致

- 确保目录中的标题与正文中的章节标题一致，避免出现标题的错误或不一致。
- 在写作过程中，及时更新目录，以确保其与正文内容保持一致。

4. 缩进和对齐

- 使用缩进和对齐来显示标题之间的层次关系。通常，主标题左对齐，子标题向右缩进。
- 通过合理的缩进和对齐，使目录更加整齐美观。

5. 包含页码

- 在目录中列出每个章节的页码，确保读者可以快速定位到感兴趣的部分。
- 确保页码的准确性，随着论文写作的进展，及时更新目录中的页码。

6. 自动化工具

- 对于较长的论文或复杂的目录结构，使用自动化工具(如Word中的"目录"功能)可以更方便地生成目录。
- 自动化工具可以减少手动更新目录的工作，保证目录的一致性。

7. 附录和参考文献

- 如果论文中包含附录，应在目录中列出附录的标题和页码，方便读者查找。
- 同样，在目录中列出参考文献的标题并指明页码，使读者可以方便地查找参考文献部分。

8. 跨页处理

- 如果某个章节或标题跨越多页，应确保在目录中正确标示起始页和结束页，以提供准确的信息。

目录是论文的导航，应该清晰、准确地展示论文的结构和内容。撰写目录时，要保持与正文一致，使用合适的标题层次，避免疏漏和错误。通过正确的目录撰写，读者可以迅速了解论文结构，更好地理解和阅读论文的内容。

8.3.4 引言(或绪论)的写作方法

引言(或绪论)是论文的开篇部分，它引出论文的研究主题和问题，并介绍研究的背景和意义。以下是详细的写作方法。

1. 引人入胜

- 开篇应引起读者的兴趣，可以使用引人入胜的事实、统计数据、引用或问题等，吸引读者继续阅读。
- 可以从实际案例入手，描述一个引人注目的现象或问题，使读者对论文主题产生共鸣。

2. 研究背景

- 介绍研究领域的背景信息，包括该领域的重要研究进展、现有问题和尚未解决的难题。
- 强调当前领域的知识空缺，解释为什么自己的研究是有意义的。

3. 研究目的和问题

- 明确阐述研究的目的和研究问题，使读者了解论文的主要研究方向。
- 可以使用"本文旨在……"或"本研究的主要目标是……"来引出研究目的。

4. 文献回顾

- 在引言中进行简要的文献回顾，对与研究主题相关的先前研究进行概述和分析。
- 突出当前研究的创新点和差异，指出你的研究将如何填补当前研究领域的空白。

5. 研究框

- 如果研究使用了特定的理论框架或模型，简要介绍该框架并解释为何选择该框架来指导研究。
- 对于跨学科研究，可以解释不同学科之间的联系和交叉点，强调跨学科研究的重要性。

6. 范围和限制

- 明确说明研究的范围和限制，解释研究的局限性和可能的偏差，增强论文的可信度。
- 避免过度宣称和绝对化表述，以免读者对论文提出过高期望。

7. 结构概述

- 在引言的末尾，简要概述整篇论文的结构和内容，指出各章节的主题和内容。
- 让读者对论文的组织和内容有一个整体的把握。

8. 简明扼要

- 引言应该简明扼要，言简意赅，避免冗长的描述和复杂的句子结构。

- 确保引言部分的篇幅适中,不宜过长,一般为文章长度的5%~10%。

9. 审阅和修改

- 完成引言或绪论后,进行仔细审阅,确保内容的准确性和逻辑性。
- 可以请同行或导师阅读引言部分,获得反馈和改进意见。

引言是论文的门户,它为读者打开了研究的大门。写作引言时,要紧扣论文主题,清晰明了地引出研究问题和目的,同时提供必要的背景信息和文献回顾,为后续内容做好铺垫。通过精心构思和写作,引言可以为论文奠定良好的基础,为读者提供全面理解研究意义和内容的引导。

8.3.5 文献综述的写作方法

文献综述是对与研究主题相关的先前研究和文献进行综合分析和总结。撰写文献综述时,以下是一些详细的写作方法。

1. 确定研究范围

- 确定文献综述的范围和研究领域,明确要涵盖的主题和关键词。
- 确保文献综述的广度和深度适当,避免过于宽泛或狭窄。

2. 搜索合适的文献

- 使用多种可靠的学术数据库和图书馆资源进行文献检索,以确保收集全面、有代表性的文献。
- 确保文献的时效性,优先选择近期的研究成果。

3. 筛选和筛查文献

- 阅读文献的摘要和关键词,快速筛选出与研究主题相关的文献。
- 仔细阅读筛选出的文献,并评估其质量和相关性,将符合研究要求的文献纳入综述范围。

4. 结构和组织

- 根据文献的主题和关键发现,合理组织综述的结构,可以按照时间顺序、主题分类或重要性排序。
- 使用段落和标题来划分不同主题和子主题,使文献综述更具有逻辑性。

5. 批判性分析

- 对选定的文献进行批判性分析,评估其研究方法、实证研究的样本规模、数据质量等，以确定其可信度和科学性。
- 指出不同文献之间的差异、一致性和冲突，分析可能的原因和解释。

6. 引用文献
- 在文献综述中，对每个引用的文献进行正确格式的引用，确保引文的准确性。
- 使用适当的引用风格，根据期刊或学校的要求进行格式化。

7. 合理引用数量
- 文献综述应包含足够的文献来支持论点和结论，但也要避免无限制地列举过多的文献。
- 通常，文献综述的数量在10~50篇，但这取决于研究的领域和范围。

8. 透彻总结
- 在文献综述的最后进行透彻的总结，强调先前研究的主要发现、趋势和不足之处。
- 指出当前研究的空白，解释自己的研究具有意义的原因，并提出可能的进一步研究方向。

9. 审阅和修改
- 完成文献综述后，进行仔细审阅和修改，确保内容的准确性和逻辑性。
- 可以请同行或导师进行审阅，以获得反馈和改进意见。

文献综述是论文中一个重要的部分，它提供了对研究领域现有知识的全面了解。写作文献综述时，应综合运用以上方法，确保内容充实、结构清晰，并在评估先前研究时保持批判性思维。通过精心编写的文献综述，可以为读者提供深入了解论文研究背景和意义的依据，为自己的研究工作提供有益的指导。

8.3.6 研究方法的写作方法

研究方法是论文中介绍研究设计、数据收集和分析的部分，它对于确保研究的可信度和可重复性至关重要。以下是详细的写作要点。

1. 方法概述
- 开篇应简要概述研究方法的整体设计，包括研究类型(如实验研究、问卷调查、案例研究等)、研究对象和主要步骤。
- 突出研究方法的合理性和适用性，说明为何选择这种方法来回答研究问题。

2. 详细描述研究设计

- 具体描述研究设计的构建，包括实验组和对照组(如果有)、研究变量、采样方法、数据收集和数据分析方法等。
- 如果有不同的研究条件或分组，应说明如何控制可能的混杂因素，以保证实验的准确性和可靠性。

3. 可重复性和操作性

- 方法部分应该详细到足够让读者能够复制研究。提供足够的细节，使他人能够按照相同的步骤重复你的研究。
- 介绍研究工具、问卷、实验材料等的来源和构建过程，并说明其操作步骤和使用说明。

4. 数据收集方法

- 描述数据收集的具体方法，包括采样方法、数据来源和数据收集工具等。
- 突出数据收集的可靠性和有效性，确保研究结果可信。

5. 数据分析方法

- 说明采用的数据分析方法，如描述性统计、回归分析、实验设计等。
- 如果使用了特殊的统计软件或算法，应提供相关的信息和参考资料。

6. 值得关注的细节

- 对于实验研究，说明随机分组和盲法(如单盲、双盲)的应用情况。
- 对于问卷调查，说明问卷设计的合理性和针对受众的适应性。
- 对于案例研究，说明研究对象的选择标准和案例分析的方法。

7. 强调研究方法的优势和局限性

- 不仅要展示方法的优势，还要诚实地指出其局限性和可能的偏差，以增强研究的可信度。
- 提及潜在问题并提供对策，以改进方法和提高研究的有效性。

8. 图表和说明

- 使用图表、流程图等辅助说明，使方法部分更易于理解。
- 图表应简洁明了，标注清楚，有助于读者更好地理解研究设计和步骤。

9. 遵循学术规范

- 方法部分的描述应清晰明了，使用专业术语，但也要注意避免使用过于复杂的技术性词汇。
- 参考相关领域的学术期刊或学校的要求，确保方法部分符合学术写作规范。

10. 审阅和改进

- 完成方法部分后，进行仔细审阅，确保内容的准确性和逻辑性。
- 可以请同行或导师阅读方法部分，获得反馈和改进意见。

正确描述研究方法对于读者理解研究的可靠性和科学性至关重要。在写作研究方法时，应充分考虑读者的背景和知识水平，用简练明了的语言描述方法的步骤和设计，以确保读者对研究过程有清晰的了解。同时，要保持方法部分的准确性和可重复性，使他人能够根据方法部分的描述复制研究，从而验证研究结果。

8.3.7 结果的写作方法

结果部分是论文中展示研究结果和数据分析的部分，它对于验证研究假设、回答研究问题至关重要。以下是详细的写作方法。

1. 结果概述

- 开篇应简要概述结果部分的主要内容和发现，以引起读者的兴趣和注意。
- 可以使用一两句话对整体结果进行概括，让读者形成对结果的整体印象。

2. 数据呈现

- 使用合适的图表、表格和图像来展示研究结果，如柱状图、折线图、饼图等。
- 确保图表和表格的标题和标注清晰明了，以便读者准确理解数据。

3. 结果的逻辑顺序

- 结果的展示应按照研究问题或假设的逻辑顺序来组织，确保结构清晰明了。
- 如果研究包含多个实验条件或处理组，可以按照实验条件或处理组的顺序进行展示。

4. 说明数据分析方法

- 说明采用的数据分析方法，确保读者了解数据是如何被处理和解释的。
- 在结果部分对所使用的统计方法进行简要解释，使读者能够理解分析的过程。

5. 数据结果的客观描述

- 结果应该客观描述，确保数据的准确性，避免加入个人观点或解释。
- 使用客观的语言和事实性陈述，不做主观评价。

6. 结果的数量和精确性

- 确保结果的数量和数据是准确的，不要捏造或随意修改数据。
- 对于重要的数据，可以使用适当的精度来提高结果的可信度。

7. 结果与先前研究的比较

- 将自己的结果与先前研究结果进行比较，指出相似之处和差异。
- 如果结果与先前研究有出入，可以解释可能的原因并提出讨论。

8. 引用结果支持的结论

- 在结果部分只陈述结果，而不是结论。结论应在讨论部分进行阐述。
- 结果部分可以引用支持结论的数据，但不应先行得出结论。

9. 注意数据的可视化

- 确保图表和表格的视觉效果良好，简洁明了，不要过度装饰或使用复杂的图形。
- 使用不同的颜色和标记来区分数据，确保图表的可读性和易理解性。

10. 审阅和修改

- 完成结果部分后，进行仔细审阅，确保内容的准确性和逻辑性。
- 可以请同行或导师阅读结果部分，获得反馈和改进意见。

结果部分是论文的核心，它展示了你的研究成果和数据分析的结果。写作结果时，要确保数据的准确性和可信度，使用清晰明了的图表和表格来展示数据，避免主观评价，只做客观描述。通过正确的结果展示，读者可以更好地理解你的研究成果，并在讨论中对研究进行更深入的分析和解释。

8.3.8 讨论的写作方法

讨论部分是论文中对研究结果进行解释、分析和探讨的部分，它对于阐明研究的意义、得出结论及提出建议非常重要。以下是详细的写作方法。

1. 结果解释与讨论

- 开篇应简要回顾结果，确保读者对前文的研究结果有一个整体的了解。
- 对结果进行解释，指出与研究问题或假设的关系，阐述结果的意义。

2. 与先前研究的比较

- 将自己的研究结果与先前研究结果进行对比，指出与先前研究的一致性或差异。
- 解释为什么出现差异，并讨论可能的原因，或分析与先前研究一致的重要性。

3. 结果的解释

- 对于出现的意外结果，提供合理的解释，并探讨可能的原因。
- 强调结果的科学意义，指出对研究领域的贡献和影响。

4. 结果的局限性

- 坦诚地讨论研究的局限性，说明研究过程中遇到的限制和可能的偏差。
- 对结果的可靠性和普遍性进行客观评估，指出不足之处。

5. 结果的合理性和一致性

- 分析结果的合理性和一致性，确定是否满足研究的初衷和目标。
- 如果结果与预期不符，探讨可能的原因，并提出进一步的研究方向。

6. 结果与研究目的的对应

- 结果应该与研究目的和问题一致，回答研究问题并支持研究假设。
- 对于未能回答的问题或出现的反常结果，提供合理的解释。

7. 结果的实用价值

- 强调结果的实际应用价值和潜在影响，讨论对实践和政策的启示。
- 探讨研究成果在实际应用中的意义，为读者提供更深层次的认识。

8. 提出建议和展望

- 在讨论的最后，提出未来进一步研究的建议和展望。
- 探讨研究领域的拓展方向，鼓励读者进行更深入的探索。

9. 突出创新点和贡献

- 重申研究的创新点和贡献，让读者明确你的研究与众不同的地方。
- 指出你的研究为研究领域带来了什么新的见解或改进。

10. 审阅和修改

- 完成讨论部分后，进行仔细审阅，确保内容的准确性和逻辑性。
- 可以请同行或导师阅读讨论部分的内容，获得反馈和改进意见。

讨论部分是论文的灵魂，它展示了你对研究结果的深入理解和分析能力。写作讨论部分时,要注意对结果的客观解释,避免主观臆断,同时突出结果的科学意义和实际应用价值。通过充分的论证和探讨,让读者对你的研究成果有更深刻的认识,并为未来的研究提供有益的启示。

8.3.9 结论的写作方法

结论部分是论文的总结和收尾部分,它对整篇论文的研究成果进行概括,强调研究的重要性和贡献,并提出结论性的意见。以下是详细的写作方法。

1. 简明扼要

- 结论应该简洁明了,不要过于冗长,应对整篇论文的主要结果进行概括。
- 突出结论的核心观点,用简练的语言表达研究的主要发现。

2. 回顾研究目的和问题

- 在结论中回顾研究的目的和研究问题,强调你的研究是为了回答什么问题或解决什么问题。

3. 总结研究结果

- 对论文的主要研究结果进行总结,简要回顾论文的主要发现。
- 确保结论与结果部分相一致,不要引入新的结果或数据。

4. 强调研究的重要性和贡献

- 强调研究的意义和价值,指出你的研究对研究领域的贡献。
- 说明你的研究如何填补知识空白,解决研究问题,以及对实践和政策的启示。

5. 提出建议和展望

- 在结论部分,可以进一步提出未来进一步研究的建议和展望。
- 探讨研究领域的未来发展方向,为读者指明未来研究的方向。

6. 确定结论的可信度

- 结论应该基于论文中充分的数据和证据,确保结论的可靠性和科学性。
- 对结论的可信度进行客观评估,指出可能的局限性和不确定性。

7. 结论的逻辑顺序

- 结论部分应按照论文的逻辑顺序进行组织,确保结论的条理清晰。
- 可以按照研究目的和问题的顺序依次进行结论的陈述。

8. 呼应引言或绪论

- 结论部分可以呼应论文的引言或绪论，再次强调研究的背景和意义。
- 将结论与前文紧密联系，形成完整的研究框架。

9. 切勿重复内容

- 结论部分应总结论文的主要观点，但不要简单重复摘要或引言中的内容。
- 结论应该是对整篇论文的研究和讨论的综合总结。

10. 审阅和修改

- 完成结论部分后，应进行仔细审阅，确保内容的准确性和逻辑性。
- 可以请同行或导师阅读结论部分的内容，获得反馈和改进意见。

结论部分是论文的收尾和高潮，它概括了整篇论文的主要结果和发现，强调研究的意义和贡献。写作结论时，要简明扼要地表达观点，回顾研究目的和问题，并展望未来的研究方向。通过恰当的结论部分，让读者对你的研究有一个深刻而清晰的印象，并理解你的研究对学术界和实践领域的重要意义。

8.3.10 参考文献的写作方法

参考文献是论文中列出所引用文献的部分，它对于证明论文的可信度和学术严谨性至关重要。以下是详细的写作方法。

1. 引用风格

- 确定所使用的引用风格，如APA、MLA、Chicago等。不同的学科和期刊可能有不同的引用要求，务必遵守所选风格的规范。

2. 可靠的来源

- 仅引用可靠和权威的学术来源，如学术期刊、学位论文、学术出版物和权威机构发布的报告等。
- 避免引用不可信的来源，如个人博客、社交媒体帖子等。

3. 完整引用信息

- 对于每个引用的文献，确保提供完整的引用信息，包括作者姓名、文献标题、出版日期、出版社或期刊名称等。
- 对于在线资源，要提供URL和引用日期(如果适用)。

4. 一致性

- 在整个文献中保持引用的一致性，确保每个引用的格式和信息都一致。
- 可以使用引文管理工具(如EndNote、Zotero等)来管理和自动生成引用。

5. 顺序排列

- 一般情况下，英文论文要求将文献按照作者的姓氏或标题的首字母顺序排列，确保整个参考文献部分的组织清晰。
- 在国内的学位论文中，参考文献的排列顺序通常按照正文引用的先后顺序来进行排列。这种排列方式也被称为"文内引用顺序"或"顺序编码制"。
- 需要注意的是，最好仔细阅读期刊或学术机构的引用规范，并根据其要求来确定参考文献的排列顺序。

6. 格式细节

- 根据所选引用风格的要求，正确标注作者姓名的顺序、出版日期的格式、标题的格式等细节。
- 对于期刊文章，需要包括卷号、期号和页码等信息。

7. DOI和ISBN

- 对于可用的资源，尽量提供DOI(数字对象标识符)或ISBN(国际标准书号)等唯一标识符，方便读者查找和访问资源。

8. 引用顺序

- 在文中引用文献时，应按照参考文献中的顺序进行编号，确保引文与参考文献列表一一对应。

9. 检查准确性

- 完成论文后，仔细检查参考文献的准确性和完整性，确保没有遗漏或错误的引用。
- 确认所有的引用都在文中被正确地引用。

10. 注意特殊文献类型

- 对于特殊类型的文献，如会议论文、报告、专利等，按照所选引用风格的规范进行格式化。

参考文献是论文的必要组成部分，它展示了你的研究基础和引用的来源。写作参考文献时，务必保持准确性、一致性和可信度，遵循所选引用风格的规范。通过仔细的写作和检查，确保参考文献部分符合学术标准，提高论文的学术质量和可读性。

8.3.11 附录的写作方法

附录是论文中附加的辅助材料部分，包括一些有助于读者理解论文，但不宜直接放在正文中。附录的写作方法如下。

1. 内容选择

- 附录应包含对理解论文内容有重要作用的材料，如详细数据、图表、图像、补充信息、程序代码等。
- 避免将正文中不重要或无关紧要的内容放入附录，确保附录的内容有实际意义。

2. 标题和编号

- 对每个附录给予明确的标题，如"附录A""附录B"等，并在正文中引用附录时使用对应的编号。
- 如果有多个附录，应按照出现的顺序依次编号，确保与正文引用的顺序一致。

3. 与正文的关联

- 在正文中提及附录时，确保附录内容与正文有明确的关联，解释为何将特定内容放在附录中。
- 在正文中引用附录内容时，提供清晰的引用指示，如"详见附录A""参见图B-1"。

4. 附录的排版

- 附录的排版应与正文一致，使用相同的字体、字号和行距。
- 图表、图像和公式等应按照正文的规范进行编号和标注。

5. 表格和图表

- 如果附录中包含大量表格或图表，应确保其清晰可读，可以单独一页展示，并在表格和图表下方提供详细的标题和标注。
- 对于较大的表格或图表，可以采用横向排列或缩小比例的方法以适应纸张尺寸。

6. 代码和算法

- 如果附录中包含程序代码或算法，应确保代码的格式清晰，容易理解，并提供必要的注释和解释。

- 对于较长的代码或算法,可以适当进行缩减,并在附录中提供代码的主要部分和关键步骤。

7. 附录中的引用

- 如果附录中引用了其他文献或资料,需要在附录中提供完整的引用信息,包括作者、标题、出版日期等。

8. 审阅和修改

- 完成附录部分后,应进行仔细审阅,确保内容的准确性和逻辑性。
- 确保附录的内容和格式与论文的主体部分一致,并检查引用和编号的准确性。

附录为读者提供了进一步了解和补充论文内容的机会,但也要确保附录内容的实用性和必要性。写作附录时,要清晰地标识和编号各个附录,并与正文内容相互呼应。通过合理的附录安排,读者可以更好地理解和评估你的研究成果。

8.4 论文质量的评估标准

当评估论文质量时,需要综合考虑多个标准。首先,学术价值和创新性是论文质量的核心要素之一。优秀的论文应该能够明确地表现出其独特的学术价值,解决具体问题或者提出新颖的观点、理论或方法。创新性也是一个重要的衡量标准,好的论文应该能够展示作者独特的思考和创新,而非仅仅简单地重复前人的工作。

论文的文献综述和相关工作也是评估标准之一。论文应该包含扎实的文献综述,能够对当前领域的研究进展进行全面、准确的总结和评价。同时,论文需要清晰地指出自己的工作与前人的研究之间的关系,以及自己的优势和创新之处。这有助于确保论文的研究内容是有价值且有意义的。

方法和实验设计亦是评估论文质量的关键指标之一。良好的论文应该描述清楚所采用的方法和实验设计,并确保这些方法和实验能够支撑论文的结论。方法的合理性、准确性和创新性都是评估的重点,因为它们会直接影响论文的可信度和科学性。

论文的结果和数据分析也需要被认真评估。好的论文应该以清晰、全面的方式呈现结果,并进行合理的数据分析和解释。结果应该与论文的主题和假设一致,并能够从中得出有意义的结论,以增强论文的说服力和可信度。

论文的结构和表达也同样应该被重视。一个良好的论文应该具有合理的结构,包括引言、相关工作、方法、结果、讨论和结论等部分。同时,语言表达应该准确、清晰、规范,避免语法错误和拼写错误,以确保论文的可读性和流畅性。

最后，诚信和道德也是论文质量评估的重要方面。论文必须遵守学术诚信和道德规范，不得有抄袭、数据篡改、造假等行为。确保论文的诚信是维护学术声誉和信任的基础。

评估论文质量是一个综合性的过程，需要综合考虑以上多方面。不同领域对于论文质量的要求可能会有所不同，因此评估标准也可能因领域而异。在学术界，同行评审是常见的评估论文质量的方式，通过专业同行对论文进行审查和评价，来决定论文是否适合发表。以下为一份简易版的学位论文自我评估表，仅供读者参考使用，见表8-1。

表8-1 学位论文简易自评表

评估项目	评估标准	评分(满分10分)
论文结构和组织	逻辑清晰、章节布局合理，摘要、引言、目录等必备元素齐全	
文献综述	对相关领域的文献进行全面综述，引用高质量的学术资源，对现有研究进行客观评价	
研究问题和目标	研究问题明确，目标明确，对研究问题的重要性进行合理解释	
研究方法	选用合适的研究方法，对研究方法进行充分描述和论证，确保研究过程可信可靠	
数据收集与分析	数据收集方法合理，数据分析方法准确，对结果进行合理解释	
研究结果与讨论	对研究结果进行客观呈现，合理讨论结果与前人研究的联系，对研究局限性进行全面说明	
创新性和原创性	论文对所研究问题具有独到的见解和创新，有新的贡献和价值	
学术语言和表达	学术用语准确规范，表达流畅清晰，语法拼写错误较少	
图表和插图	图表和插图设计美观，标注清晰，与论文内容相符	
参考文献	引用格式规范，参考文献来源广泛，引用文献的年限较新	
学位论文质量总体评价	对学位论文的总体质量进行评估，综合考虑上述各方面的得分，对论文进行综合评价	

在评估表中，每个评估项目后面都留有空白处，用于填写具体的评分。评分标准可以根据学校或院系的要求进行调整，例如，可以根据不同项目的重要性确定各项目的权重，然后计算总分。

该评估表的目的是帮助论文作者或评审人员初步评估学位论文的质量，并为作者提供改进和完善论文的方向。同时，评审人员还可以在表格中添加备注或意见，以便向作者解释评分细节或提供建设性意见。

8.5 导师评审和反馈的处理

导师评审和反馈对于学位论文的完成和质量至关重要。导师是学生在研究过程中的指导者和支持者，他们的评审和反馈有助于提高论文的学术水平和完善研究工作。处理导师的评审和反馈通常需要以下步骤。

- 聆听和理解：首先，学生应该认真听取导师的评审意见和反馈，并仔细理解导师对论文的要求和建议。理解导师的期望对于后续的修改和改进非常重要。
- 澄清疑问：如果学生对导师的评审意见或反馈有任何疑问或不理解的地方，应该及时和导师进行沟通，澄清疑问，确保双方对论文的要求和方向达成一致。
- 分析反馈：学生需要认真分析导师的评审意见和反馈，将其与自己的研究工作进行对照，看是否有需要进一步改进和修正的地方。
- 制订改进计划：基于导师的评审意见和反馈，学生可以制订具体的改进计划，明确哪些部分需要修改，如何修改，并设定合理的时间框架。
- 实施修改：学生应该按照改进计划逐步进行论文的修改。在此过程中，可以适时向导师汇报进展，以获得更多的指导和帮助。
- 再次提交和评审：完成修改后，学生应将修改后的论文再次提交给导师进行评审。此时，学生应确保论文已经根据导师的反馈进行了充分的改进，并且符合导师的要求。
- 主动且持续的沟通：在整个处理导师评审和反馈的过程中，学生应该主动与导师沟通，定期汇报进展和问题，及时寻求帮助，主动提出自己的想法和建议。通过良好的主动沟通，学生可以获得更多指导和支持，有效提高学位论文的质量并顺利完成研究。同时，持续的沟通也同样重要。在论文写作启动后，应邀请导师审阅各版本，展现对论文质量的重视和改进的积极态度，以便得到及时的指导和帮助。

要记住，处理导师的评审和反馈是一个积极主动的过程，学生应该虚心接受导师的指导，认真对待反馈意见，不断改进和提高论文的质量。与导师之间的良好合作和沟通有助于确保学位论文的顺利完成和最终通过评审。

8.6 论文完善的策略

论文完善的重要性在于确保学术价值、学位评审、学术声誉和科学贡献，同时影响论文的发表和发表效果。完善的论文不仅能展现研究的深度和创新，还有助于学术成长和提高，对学术界的认可和传播也更为有利。因此，学生和研究者应当重视论文的完善，不断改进和提高论文的质量，以获得更好的研究成果和学术成就。

论文完善的具体策略涉及多方面，首先是审查和完善论文的结构。研究者应该仔细检查论文的章节组织，确保逻辑清晰、条理性强，各部分之间衔接紧密。根据需要，可以增加、删减或调整章节，使得论文的结构更加合理，有助于读者理解和阅读。

其次，提升语言表达是论文完善的关键之一。研究者需要认真校对论文，修正语法错误、拼写错误和标点符号使用不当等问题。语言表达应准确、简明，避免使用复杂难懂的词汇和句式，以确保论文的表达清晰易懂。

改进段落和句子结构也是论文完善的重要策略。研究者应该检查段落和句子的结构，使其表达流畅、通顺。通过修改句子顺序、调整段落的逻辑顺序等方式，可以使论文的表达更为连贯，增强读者的阅读体验。

此外，论文完善还需要突出重点和论证，确保论文的主要观点和论证得到充分体现。需要删除与主题无关或弱化论点的内容，并运用恰当的引用和论证方式加强论文的可信度。保持论文的逻辑性和完整性，补充和扩展相关内容，对于论文的提升也有重要作用。综合运用这些策略，研究可以不断改进和优化论文的内容，使其达到高水平的学术标准，并展现出更强的学术价值。

8.7 语言和结构的优化

论文语言和结构的优化是确保论文质量和可读性的重要措施，本书在第5章和第6章中已经有过深入的探讨。但论文的优化需要持续的修改和润色，一旦完成初稿，作者应该多次审阅论文，寻找可以改进的地方。

在语言表达方面，应注意找出冗长的句子和复杂的词汇，以免读者产生困惑。同时，要注意避免使用口头化和俚语，确保论文的表达专业且正式。要注意使用正确的语法和拼写，仔细校对论文中的错误，以保证论文的准确性和可信度。此外，学术论文应该避免使用主观性的表达，而是要以客观、中立的态度来陈述研究结果和结论。语言的优化有助于提高论文的可读性和理解性，使读者更容易理解和接受研究成果。

在论文结构方面，持续的思考与优化是确保论文整体逻辑严谨、层次清晰的重要手段。首先，要检查论文的章节组织是否合理，每个章节应只围绕一个主题展开，内容之间要有紧密联系，避免冗余和重复。其次，检查论文中使用的标题和子标题是否合适，是否能够准确反映各部分的内容，帮助读者快速抓住论文的重点。同时，要确保论文开篇有清晰的引言，可以概括研究背景和目的；结尾有明确的结论，可以总结研究成果。最后，要注意使用合适的图表和图注，使图表清晰明了，图注准确解释图表含义，有助于读者理解研究结果。

在修改过程中，可以寻求同行或导师的意见，听取他们的建议和反馈，以便不断完善论文。不断进行修改和润色，剔除冗余内容，加强论文的逻辑性和连贯性，对于论文的提高至关重要。

8.8　章节小结

本章深入探讨了如何提高论文质量，克服写作过程中的难题，并最终完成一篇优秀的学术论文的方法。这一章重点关注了论文的初稿完成和修改的方法。初稿是整篇论文的雏形，而修改则是让论文不断进化和完善的过程。本章强调了在撰写初稿时不要过于追求完美，通过反复的修改和润色，逐步改进论文的结构、论证和表达，直至获得最终稿。

另一关键内容是论文提纲的拟订。提纲是论文写作的蓝图，它能帮助研究者构建清晰的逻辑框架和层次结构。拟订提纲时，需要确保各部分之间的连贯性和一致性，同时注意每部分的主题和目标。在写作过程中，应随时根据提纲进行调整，确保论文内容的紧密衔接，为后续的写作打下良好基础。

本章还探讨了论文各部分的写作方法，包括引言、文献综述、研究方法、结果分析和结论等。引言应该吸引读者注意并明确研究问题，文献综述要全面概括相关研究，研究方法要清晰明了，结果分析要客观准确，结论则需要回答研究问题并提出展望。这些写作方法的灵活运用有助于使论文更加有说服力和吸引力。

在论文质量的评估标准方面，作者需要了解评估论文质量的标准，以便自我检查和提升。创新性、学术价值、逻辑严谨性、数据可靠性、表达清晰性等方面都是需要关注的重点。同时，格式和引用规范也需要符合学术要求，确保论文的学术诚信。与此同时，处理导师的评审和反馈也是十分重要的一环，作者应该虚心接受导师的批评与建议，并有针对性地进行修改和改进，确保论文方向与导师的预期一致。

最后，本章还介绍了论文完善的策略，多角度的思考有助于发现论文中存在的问题，并使得论文更加完整和具有说服力。此外，语言和结构的优化对于论文的可读性和表达效果至关重要。作者应该避免使用模糊、冗长或不恰当的词语，注意段落之间的过渡，使得论文结构紧凑且通顺，从而为读者呈现出一篇内容充实、结构合理、表达清晰的高水平论文。

8.9 章节练习

(1) 阅读一篇学术论文(可以在学术期刊网站或学术社区中找到)。针对其结构、论证和表达，提出自己的修改意见和建议，以改进该论文的写作质量。

(2) ①选择一个论文课题，尝试拟定一个完整的论文提纲，包括引言、文献综述、研究方法、结果分析和结论等各部分。确保各部分之间有逻辑衔接，并注明每部分的主要内容。

②阅读一篇学术论文的提纲(可以在学术期刊网站或学术社区中找到)。分析其提纲的结构和组织方式，思考如何进一步完善和优化该提纲。

(3) ①就某个具体的论文部分(如引言或结论)，选择一个研究课题，撰写该部分，并尝试运用本章介绍的写作方法进行优化。

②阅读一篇学术论文的某一部分(可以是引言、文献综述等)，分析该部分的写作方法和表达方式，思考作者是如何实现论文部分的清晰和连贯的。

(4) ①自行制定一份论文质量评估表或参考本章8.4节中的自评表，包括创新性、学术价值、逻辑严谨性、数据可靠性、表达清晰性等方面的指标。使用该评估表对一篇学术论文进行评估，并写下评估结果和建议。

②阅读一篇学术论文，并尝试对其质量进行评估。结合自己的评估标准，分析该论文的优点和改进之处。

(5) ①模拟导师评审情境，让同伴或老师对你的论文进行评审，并收集反馈意见。然后制订一个处理反馈的计划，并根据反馈意见进行修改和改进。

②阅读一篇关于导师评审和反馈的案例研究或文章，思考作者是如何有效处理导师的评审意见的，进一步完善和提升自己的论文。

(6) 针对自己的论文，列出一份完善的策略，并逐步实施这些策略，不断改进和完善论文内容。

第 9 章

论文发表与传播

本章将探讨有关论文发表与传播的关键要点，帮助读者了解如何将他们的研究成果有效地传播给学术界和社会大众。论文发表是研究者不可或缺的任务，因为它是验证研究合法性和质量的标志，也是促进学术进步和知识传播的重要途径。

首先，本章将详细介绍论文发表的过程和关键步骤。从准备论文投稿、选择合适的期刊或会议，到撰写投稿信和审稿过程中的注意事项，本章将帮助读者更好地了解论文发表的复杂性和挑战性。这些步骤的顺利完成对于成功发表论文至关重要，因此本章将提供实用的建议和方法，帮助读者在这一过程中少走弯路。

其次，本章将重点关注论文发表的多种渠道和平台。除了传统的学术期刊，还将探讨学术会议、开放获取期刊、预印本等新兴形式。通过了解不同发表渠道的特点和优势，读者将能够根据研究内容和目标读者选择合适的渠道，最大限度地提高论文的可见性和影响力。

论文发表后的传播和影响力扩展也是本章的重要内容。本章将介绍使用社交媒体、学术网络和传统媒体等工具来推广研究成果的方法，帮助读者在学术界和公众中建立良好的声誉和影响力，进一步推动研究的传播和应用。有效的传播策略不仅可以提高论文的引用率，还能为研究者带来更多合作和交流的机会。

在论文发表过程中，出版伦理和知识产权保护至关重要。本章将深入探讨学术道德规范，防止抄袭和不端行为，以及保护作者的知识产权的重要性。研究者应该秉持诚信和透明的态度，确保研究成果得到应有的认可和尊重。本章将提供相关准则和建议，帮助读者在学术界建立可靠的声誉。

最后，本章将探讨论文发表过程中可能面临的挫折及应对策略。发表论文常常伴随着拒稿、修改请求和竞争激烈等问题，本章将帮助读者增强应对挑战的能力，鼓励坚持不懈，实现论文发表的目标。成功发表论文是一个有挑战性但也充满成就感的过程，希望通过学习本章内容，读者可以更加从容地面对论文发表的旅程，并取得更大的学术和社会影响。

本章内容如下。

- 论文发表的过程和步骤：本节将详细介绍成功发表论文的流程和必要步骤，涵盖从准备投稿到审稿的全过程。
- 论文发表的渠道和平台：该部分将探讨多样化的论文发表渠道和平台，包括学术期刊、学术会议及开放获取期刊等新兴形式。
- 论文传播与影响力：着重介绍如何有效传播研究成果并提升其影响力，包括利用社交媒体、学术网络和传统媒体等手段。
- 出版伦理和知识产权保护：本节深入讨论维护学术道德、防范抄袭行为及保护研究成果的知识产权的重要性。
- 论文发表可能面对的挫折及应对策略：最后，本节将探讨在论文发表过程中可能遇到的难题，为读者提供应对策略与解决方案。

9.1 论文发表的过程和步骤

理解论文发表过程的系统性有许多好处。首先，这使得研究者能够更好地规划和组织他们的研究工作。通过了解论文发表的不同步骤和要求，研究者可以在研究初期就明确目标和计划，并更加高效地开展实验和数据收集工作。

其次，系统性了解发表过程能帮助研究者更好地理解学术界的运作机制，包括同行评审、期刊选择和论文传播等方面。这样的认识有助于他们更好地适应学术环境，并提高论文发表的成功率。

此外，系统性了解论文发表过程还使得研究者能够更加准确地评估自己的研究成果和贡献。通过了解高水平期刊或会议的要求，他们可以将自己的研究成果与之相匹配，从而选择合适的发表渠道，确保研究得到更广泛的认可和引用。

9.1.1 论文发表的必要步骤

论文发表是一个系统性的过程，涉及多个必要步骤。以下是论文发表的常见步骤。

- 研究成果准备与整理：在开始论文发表之前，首先需要将研究成果进行仔细整理和准备。确保实验数据、调查结果、图表和参考文献等内容都得到充分归档和备份。
- 选择适合的期刊或会议：根据研究内容和目标读者，选择适合发表论文的学术期刊或会议。要考虑期刊的影响因子、审稿周期、投稿要求等因素。
- 撰写论文：编写高质量的论文是至关重要的一步。论文应该表述清晰、逻辑完整，并符合目标期刊或会议的格式和要求。注意避免抄袭，确保所有引用和参考文献都恰当。
- 投稿论文：按照目标期刊或会议的投稿指南提交论文。这通常包括在线投稿系统的使用和相关的作者声明或授权文件。
- 等待审稿：投稿后，论文将进入审稿流程。审稿过程可能需要数周甚至数月时间。在等待期间，作者需要耐心等待，并避免频繁催促编辑部。
- 接受或修改论文：论文审稿后，编辑部将给予接受、拒绝或修改的意见。如果论文被接受，则恭喜作者取得成功。如果需要修改，作者应仔细阅读审稿人的意见并做出必要的修改。
- 再投稿或选择其他期刊：如果论文被拒绝，作者可以根据审稿人的反馈意见决定是否进行修改后再次投稿到相同期刊，或选择投稿到其他适合的期刊。
- 支付出版费用(如适用)：一些学术期刊对接受的论文收取出版费用。如果出版机构接受作者的论文，并且涉及出版费用，应确保按时支付费用。
- 审稿后续处理：一旦论文最终接受，可能还需要处理版权协议和其他出版细节。确保及时与编辑部进行沟通，并提供必要的材料。
- 论文正式发表：在编辑部完成最终出版工作后，论文将正式发表。作者可以获得论文的正式链接或出版物。
- 宣传与传播：在论文发表后，作者可以通过各种渠道宣传和传播其研究成果，包括社交媒体、学术网站和个人博客等，以提高论文的可见性和影响力。

需要注意的是，整个论文发表过程可能会耗费较长时间，需要耐心和恒心。同时，根据学科领域和发表的期刊，要求可能会有所不同，因此请务必仔细阅读每个期刊的投稿指南并遵循相关要求。

9.1.2 论文发表的复杂性和挑战性

有过论文发表经验或正在着急发表论文的读者很可能深切地了解论文发表的复杂性和挑战性。首先，论文发表的过程可能非常漫长且耗时。从投稿到最终发表，可能需要数月甚至一年以上的时间。对于很多研究者来说，这样的等待时间可能会让他们倍感焦虑和压力。

其次，同行评审过程可能是论文发表中最具挑战性的环节。审稿人的评语和意见可能会要求作者进行大量的修改和改进，这需要作者耐心和细心地应对，可能需要更多的实验和数据分析，甚至需要重写部分内容。

此外，选择合适的期刊或会议也是一个挑战。高影响力的期刊通常竞争激烈，而一些新兴期刊的可信度和影响力可能还不够确立。研究者需要对期刊进行仔细的了解和评估，确保选择最适合自己研究成果的发表渠道。

对于非英语为母语的研究者来说，还可能面临语言障碍的挑战。在撰写论文过程中，正确表达研究内容和观点，避免语法错误和不清晰表达，可能会成为一项较大的困难。

论文发表对于研究者来说是一项艰巨而具有挑战性的任务，但我想说的是，克服这些挑战是值得的，因为成功发表论文是验证研究成果、获得学术认可和推动学术进步的重要途径。通过增加知识和了解论文发表的复杂性，研究者可以更好地应对这些挑战，并逐步提高论文发表的质量和效率。

9.1.3 正确看待普遍的高拒稿率

拒稿率是指学术期刊或会议拒收投稿论文的比例，通常以百分比表示。拒稿率是论文发表过程中的一个重要指标，尤其在高影响力期刊和会议中，拒稿率往往较高。拒稿率的高低反映了期刊或会议对所接收论文的严格要求，同时反映了该领域学术竞争的激烈程度。

高拒稿率意味着投稿者成功发表论文的难度较大。许多优秀的研究工作可能因为各种原因被拒收，如研究问题不够新颖、实验设计不合理、结论不够具有启发性等。面对高拒稿率，研究者需要具备坚韧的毅力和不断改进的精神。拒稿并不意味着研究质量不好，而是需要继续完善和提高研究的深度和广度。

高拒稿率也反映了学术界对于学术质量和严谨性的要求。期刊或会议通过同行评审过程，力求保持高质量的学术出版物。这一过程有助于确保研究成果的可靠性和可信度，推动学术进步。

对于研究者来说，面对高拒稿率，应该保持积极的心态。拒稿并不是失败，而是对研究的一次检验和提升机会。从审稿人的意见中汲取经验教训，改进论文，并重新投稿到其他适合的期刊或会议是很重要的策略。研究者需要以坚韧的态度面对拒稿，并不断完善研究，提高学术水平，最终取得成功。

9.2　论文发表的渠道和平台

拓展论文发表渠道和平台具有诸多好处，它可以扩大研究成果的可见性和影响力，促进学术交流与合作，提高研究成果的社会影响力，同时增加学术评估的客观性，从而有利于提升个人学术声誉和职业发展。

9.2.1　论文发表渠道和平台的类型

论文发表的渠道和平台多种多样，包括传统的学术期刊、会议论文及一些新兴的形式。以下是其中一些主要的发表渠道和平台。

- 传统学术期刊：传统学术期刊是最常见的论文发表渠道。学术期刊通常由出版社或学术机构出版，涵盖各个学科领域。学术期刊通过同行评审来确保论文质量和学术可信度。根据影响因子的高低，学术期刊的影响力和可见性各异。
- 学术会议：学术会议也是论文发表的重要渠道。学术会议提供了学者相互交流研究成果的平台。在学术会议上发表的论文通常经过审稿，但审稿标准可能相对宽松，以鼓励尚处于初期阶段的研究成果的分享。
- 开放获取期刊：开放获取期刊是一种新兴的学术发表形式，它的特点是所有文章对公众免费开放。开放获取期刊旨在提高学术成果的可见性和传播效果，让更多人可以阅读和引用研究成果。
- 预印本：预印本是指未经同行评审的论文版本，研究者可以在投稿给学术期刊或会议之前将论文上传到预印本平台上进行分享。这样可以加快研究成果的传播和讨论，但在引用时需要注意标明预印本的状态。
- 学术社交网络：学术社交网络平台如ResearchGate、Academia.edu等，提供了学者之间交流和分享研究成果的空间。研究者可以在这些平台上上传论文、项目和其他学术成果，与同行展开互动和合作。
- 学术博客和网站：学术博客和个人网站也是一种发表学术成果的方式。研究者可以通过自己的博客或网站分享研究进展、心得和发现，以增加其研究成果的可见性。
- 知识库和数据共享平台：一些知识库和数据共享平台如arXiv、PubMed Central等，提供了免费共享学术论文和科研数据的服务。这些平台为研究者提供了开放的学术资源，促进了学术交流和合作。

随着科技的不断进步和互联网的发展，学术发表渠道和平台不断丰富和多样化。研究者可以根据自身研究内容、目标读者和传播策略，选择合适的发表渠道和平台，以提高研究成果的可见性和影响力。

9.2.2 论文发表渠道和平台的特点

不同的论文发表渠道和平台各有其优势和局限性，适用范围也有所不同。研究者在选择发表渠道和平台时，应根据自身研究内容、目标读者和传播策略综合考虑各方面因素。例如，对于重视学术可信度和认可的重要学术研究，传统学术期刊可能更为适合；而对于希望尽早传播研究成果，获取更多反馈和合作的初期研究，预印本和学术会议可能更具优势。通过表9-1，我们可以初步了解不同论文发表渠道和平台的差异。

表9-1 不同论文发表渠道对照表

渠道/平台	优点	缺点	适用范围
传统学术期刊	学术可信度高，同行评审保障质量	审稿周期长，拒稿率较高	发表成果受学术界认可重要的学术研究
学术会议	交流快速，及时了解前沿研究成果	审稿标准较松，可信度相对较低	初期研究成果、探索性研究成果、快速传播重要发现
开放获取期刊	论文免费对公众开放，扩大影响力	有些期刊收取高额出版费用	希望研究成果能被更广泛读者阅读、引用和传播
预印本	快速传播，促进同行评议和合作	缺乏同行评审，可信度有待考量	希望尽早分享研究成果、寻求反馈和与同行合作
学术社交网络	与同行交流互动，增加学术影响力	学术可信度因平台不同参差不齐	扩大学术圈子、寻找合作伙伴和了解同行研究成果
学术博客和网站	自由度高，展示更详细和丰富的研究成果	学术可信度需要建立长期的信任和口碑	想要自主展示研究进展、分享经验和想法
知识库和数据共享平台	提供免费共享学术资源，促进学术交流和合作	涉及版权和知识产权问题，需要注意合规性	上传学术论文和数据，让更多人免费访问、引用和重复验证研究结果

通过这样的表格对比，研究者可以更清晰地了解各个发表渠道和平台的特点及适用范围，从而更好地选择合适的方式来发表和传播自己的研究成果。

9.2.3 论文在多个渠道和平台进行投稿的要求

通常情况下，学术期刊和学术会议都不允许论文同时在多个渠道和平台进行投稿。这是因为学术期刊和学术会议要求投稿的原创性和独立性,要确保所投稿件未曾在其他地方发表或投稿。同时在多个渠道和平台进行投稿可能违反了这些规定,被认为是学术不端行为,可能导致论文被拒稿或撤回,严重的甚至可能造成学术声誉的损害。

研究者应该遵循学术道德和伦理,遵守各个期刊和会议的投稿规定,确保论文的独立性和原创性。在投稿时,需要向编辑或会议主办方声明该论文未曾在其他地方投稿或发表,否则可能会导致投稿被拒绝。

但是,有些平台允许作者将论文上传为预印本或发表前版本,这并不算作正式的发表,因此在提交至学术期刊或会议之前,作者可以在这些平台上分享论文,接受其他研究者的意见和建议。但一旦论文正式被某个学术期刊或会议接受,并发表为正式版本,就应避免在其他地方再次发表同一篇内容。

总之,为了维护学术诚信和规范,研究者应该在投稿时仔细了解不同期刊和会议的投稿规定,并避免同时在多个渠道和平台进行投稿,以免造成不必要的麻烦和损失。

9.3 论文传播与影响力

很多人将大部分精力集中在论文的写作和发表上,而忽略了发表后的重要工作,出现"发表既消失"的普遍现象。实际上,发表论文只是研究工作的一个重要阶段,而不是终点。

研究者应该意识到,将精力仅放在写作和发表上是不够的。在发表后,积极拓展论文的影响力,广泛传播研究成果,与同行和公众进行交流,将研究成果转化为实际应用,才能充分实现学术贡献并提升个人的学术声誉与职业发展。

9.3.1 增加论文传播和影响力的好处

有效增加论文传播和影响力有诸多好处,具体如下。

- 学术认可和声誉提升:论文传播和被广泛引用可以增加学术认可,提高作者的声誉和学术地位。被其他学者引用,尤其是在高影响力期刊和会议上的引用,会进一步证明研究的质量和重要性。
- 学术合作和网络拓展:论文传播可以吸引更多同行关注和合作,促进学术交流和合作。拓展学术网络,与其他领域的研究者进行合作,有助于创造更加综合和前瞻性的研究成果。

- 学术影响力扩大：论文传播可以将研究成果推广到更广泛的受众，包括其他研究者、决策者、产业界及公众。这有助于将学术研究转化为实际应用，增强学术研究对社会的影响力。
- 引用和被引用的积极反馈：论文传播和被引用会吸引更多的阅读和讨论，从而获得更多的反馈。这些反馈可以促进进一步的研究，改进研究方法和结果，提高论文的质量和价值。
- 提高职业发展机会：论文传播和影响力不仅提升了个人的学术声誉，还会增加在学术界和其他领域的知名度。这有助于提高职业发展机会，包括获得更多的研究项目、资助和学术职位。
- 学术资助和项目机会增加：有影响力的论文和研究成果可以吸引资助机构和研究项目的关注，提高获得学术资助和项目机会的概率。

综上所述，研究者应该积极采取措施，推广和传播自己的研究成果，提高其影响力和学术价值。

9.3.2 有效传播研究成果并持续拓展影响力

研究者在学术界常常将大部分精力放在论文的撰写和发表上，而往往忽略了发表后的工作，这就好比研发出绝世美食，却不关心有多少人可以享用。为了有效传播研究成果并拓展其影响力，研究者应该综合运用传统渠道、传统媒体、社交媒体和学术网络等多方面的手段。

在传统渠道方面，选择合适的学术期刊和学术会议发表论文是关键步骤。优秀的学术期刊和学术会议能够为论文提供广泛的学术读者群，增加被引用和传播的机会。同时，积极参加学术会议，进行学术报告和交流，与同行学者面对面地分享研究成果，也是提高影响力的有效途径。

除了传统渠道，与传统媒体合作也是有效拓展影响力的途径。例如，一位气候科学家研究了气候变化对极地生态系统的影响，他与一家知名的科学新闻机构合作，发布了一篇关于该研究的科普文章。这篇文章登载在该新闻机构的网站和报纸上，吸引了大量公众的关注和阅读。随后，许多其他媒体也进行了转载和报道，进一步扩大了研究成果的传播范围，使更多人了解了这项重要的气候研究。将研究成果转化为通俗易懂的科普文章或媒体报道，能够吸引更广泛的公众关注，增加研究成果的社会影响力。此外，与报纸、杂志、电视台等传统媒体合作，进行专题报道或采访，也能进一步扩大研究成果的传播范围。

在新兴的社交媒体方面，可以建立和维护个人专页或学术机构的社交媒体账号，定期发布研究成果和最新进展。例如，你可以尝试在抖音或微信上建立了个人账号，并定期分享自己的研究成果和最新发表的论文链接。这样不仅可以与学术界的同行进行交流，还可以吸引许多对其感兴趣的非专业读者。好的内容是社交媒体的宠儿，会引发网络上的广泛分享，引起公众的关注，被更多新闻媒体报道，要知道，社交媒体的分享和转发功能可以让研究成果奇迹般地传播到更广泛的受众。

最后，在学术网络方面，可以利用学术社交网络平台，如ResearchGate、Academia.edu等，建立个人专页，定期更新研究成果和发表论文。这些平台聚集了大量的学者和研究人员，是进行学术交流和合作的重要场所，也是增加研究成果影响力的有效途径。

通过综合运用传统渠道、传统媒体、社交媒体和学术网络等多方面的手段，选择合适的发表渠道和合作伙伴，与科学传媒合作，积极使用社交媒体进行互动，以及利用学术社交网络建立合作关系，研究者能够扩大研究成果的传播范围，增加被引用和传播的机会，提高研究成果的可见性和影响力，从而实现学术贡献并促进学术合作与交流，让更多人受益于研究成果。

9.4 出版伦理和知识产权保护

出版伦理和知识产权保护是论文发表过程中非常重要的方面。以下将对这两个主题进行详细探讨。

9.4.1 出版伦理

出版伦理是学术发表过程中至关重要的方面，它涉及作者、编辑、审稿人和出版机构等各方应遵守的道德和行为准则，有助于维护学术诚信和保障学术质量。首先，学术不端行为是出版伦理中一个重要议题。抄袭、篡改数据、伪造实验结果等学术不端行为是严重违反伦理的行为，不仅会损害学术诚信，还会影响学术界的信任和声誉。研究者必须确保研究成果的真实性和可靠性，避免任何学术不端行为的发生。

其次，重复发表是另一个需要注意的问题。论文不得同时在多个期刊或会议上发表，这样的行为会导致学术界资源的浪费和学术声誉受损。每篇论文都应该是原创的，未曾在其他地方发表或投稿。另外，作者署名也是伦理中的重要方面。论文的作者署名应准确地反映各位作者对研究的贡献，不得在没有实际贡献的情况下加上或删除某位作者。此外，披露冲突也是出版伦理的一部分。作者应当在论文中披露任何潜在的利益冲突，包括资助、合作关系、竞争利益等，以确保读者对研究结果的客观评估。遵循出版伦理的准则，是维护学术诚信和保障学术质量的基本要求，每位研究者都应该时刻牢记并遵守。

9.4.2 知识产权保护

知识产权保护涉及保护作者或研究人员创造的知识成果和研究成果的权益，它在学术发表过程中具有重要意义。首先，版权保护是知识产权保护的一部分。作者需要遵循出版机构的版权政策，并在必要时签署版权转让协议。这有助于保护论文的知识产权，防止他人未经授权擅自使用论文内容。

其次，知识产权申请是另一个需要关注的问题。对于一些具有商业潜力的研究成果，研究人员可能需要考虑进行专利申请，以保护其知识产权。这样一来，研究人员就能在商业化过程中获得更好的保护和回报。另外，数据共享和开放获取是知识产权保护中的一个复杂议题。在一些学科领域，数据共享和开放获取已成为一种趋势，鼓励学者之间的合作和共享研究成果。但研究人员也需要权衡数据共享的利弊，确保合理的知识产权保护和数据的合理利用。

最后，引用和引用准确性也是保护知识产权的重要环节。在引用其他人的研究成果时，需要遵循引用规范，确保引用的准确性和完整性，尊重其他研究人员的知识产权。知识产权保护是学术发表过程中的一项关键工作，研究人员应该认识到知识产权保护的重要性，并积极采取措施保护自己的知识成果。

9.5 论文发表可能面对的挫折及应对策略

论文发表过程往往会面临种种困难，但研究者不应气馁。学术发表是学术研究不可或缺的一部分，只有通过不断的努力、持续的学术交流与合作，以及对学术不端行为的杜绝，研究者才可以逐步克服困难，提升论文的质量和可发表性，最终取得成功并为学术界做出重要的贡献。不过，提前了解论文发表过程中可能面临的困难和挫折，有助于提前做好充分的准备，提高论文发表的成功率。下面我们就针对论文发表过程中的常见问题进行一些探讨。

1. 竞争激烈和拒稿率高的应对策略

- 选择合适的期刊和会议：在投稿前，认真研究期刊和会议的影响因子、范围和目标读者群，选择与研究内容相符的高质量出版物，降低被拒概率。
- 重视审稿意见：将审稿意见视为提升论文质量的机会，虚心接受批评性意见，并对论文进行针对性的改进。
- 多次投稿和回应：不要灰心被拒稿，有些论文可能需要多次修改和投稿才能成功发表，耐心应对拒稿并根据不同期刊的意见进行适度调整。

2. 缺乏资源和支持的应对策略

- 合作伙伴和资源共享：寻求合作伙伴或加入研究团队，共享资源和设备，合作可以拓展研究范围和提高论文的可发表性。
- 寻求资金支持：积极申请科研项目和基金资助，争取更多的研究经费，支持更深入的研究和实验，提高研究水平和成果。

3. 语言和文化障碍的应对策略

- 寻求合作与帮助：如有必要，寻求英语母语的同行或专业编辑的帮助，以确保论文语言和表达的准确性与流畅性。
- 积极参与学术交流：参加国际学术会议、研讨会或合作项目，与国际同行进行交流和合作，提高语言和文化的交流能力。

4. 学术不端行为的应对策略

- 维护学术诚信：研究者应自觉遵守学术道德规范，维护学术诚信，杜绝任何学术不端行为，确保研究成果真实、可信。
- 反抄袭和审慎引用：在论文撰写中，严格遵守引用规范，注重反抄袭工作，确保引用他人成果时注明出处，尊重他人知识产权。

9.6 章节小结

本章深入探讨了论文发表的全过程及其关键步骤。从准备论文投稿、选择合适期刊或会议，到投稿和审稿流程，以及最终论文被接受或拒稿的结果，每个环节都对研究者的学术成长和研究成果的传播至关重要。

本章还详细介绍了论文发表的多种渠道和平台，包括传统学术期刊、会议论文、科学传媒、社交媒体和学术网络等。通过选择合适的发表渠道，研究者可以增加论文的可见性和影响力，实现研究成果的广泛传播。

在传播与影响力方面，本章探讨了如何有效传播研究成果并拓展其影响力。通过综合运用传统渠道、传统媒体、社交媒体和学术网络等多方面的手段，选择合适的发表渠道和合作伙伴，与科学传媒合作，积极使用社交媒体进行互动，以及利用学术社交网络建立合作关系，研究者能够扩大研究成果的传播范围，提高论文的引用和传播率，从而增加研究成果的影响力。

除此之外，本章还强调了出版伦理和知识产权保护的重要性。遵循出版伦理准则有助于维护学术诚信和保障学术质量，研究者应该秉持诚实、透明和责任的科研态度。同时，合理保护知识产权，确保作者的权益，对于推动学术创新和知识的进一步发展至关重要。

然而，论文发表并非一帆风顺。竞争激烈、拒稿率高、缺乏资源和支持、语言和文化障碍、学术不端行为等问题都是可能面对的困难。但研究者不应气馁，可以通过选择合适的发表渠道、与合作伙伴共享资源、积极参与学术交流及维护学术诚信等策略来应对这些挑战，不断提升研究成果的质量和可发表性。通过掌握论文发表与传播的方法，研究者可以更加自信和有序地开展学术研究，并有效地将研究成果传播给学术界和社会大众，为学术领域的进步和发展做出积极贡献。

9.7 章节练习

(1)选择一篇已完成的论文稿件，模拟论文的投稿和审稿流程。寻找适合的期刊或会议，并按照它们的投稿要求提交论文。接受模拟审稿人的意见，进行相应的修改和回复。最后，回顾整个模拟过程，总结经验和教训。

(2)针对自己的研究领域，调查并列出至少五个国内外相关学术期刊和会议。比较它们的影响因子、领域覆盖范围、审稿速度等指标，选择最适合自己研究成果发表的渠道，并解释选择的理由。

(3)设计一个针对自己论文的传播计划。考虑如何在学术网络平台、社交媒体和科学传媒上宣传自己的研究成果。制定时间表和内容规划，以提高论文的可见性和影响力。

(4)分析准备发表论文中的出版伦理和知识产权保护问题，检查是否有未经授权的引用或图片使用等情况。在发现问题的情况下，设计相应的改正和申请知识产权保护的策略，确保论文的合法性和权益。

(5)回顾个人学术发表经历或者其他学者的成功经历，列举1至2个面对挫折的例子。分析每个例子中研究者是如何应对困难和挫折的，总结他们的解决方案和取得的成就。根据这些例子，给自己提出在论文发表过程中克服困难的建议和启示。

第 10 章

论文写作的伦理与规范

在学术领域，伦理与规范是构建坚实学术基石的关键要素。本章将再次探讨学术写作过程中必须遵循的道德原则和规范，以确保学术界的诚信和尊重。学术诚信是学术界最重要的基石之一。遵守道德原则是保障学术诚信的基础，包括对他人研究成果的尊重和准确引用的准则。同时，本章还将介绍知识产权与学术尊重的重要性，引导读者正确使用和扩展前人的研究成果，避免侵犯他人版权。学术不端行为严重影响学术界的信誉和发展。因此，本章也将详细介绍各种学术不端行为的类型，包括数据篡改、捏造结果等，以帮助读者避免这些行为并了解不端行为的后果和惩罚。通过强调学术诚信的重要性，读者可以加强学术写作中的责任意识，确保遵循规范和道德准则。

在学术写作中，查重是确保学术诚信的一项重要步骤。本章将阐述查重的重要性和目的，帮助读者认识到查重对于保障论文原创性和避免抄袭的必要性。同时，为了帮助读者进行论文查重，本章还将介绍一些常用的查重软件和工具，帮助读者了解这些工具的特点和功能，并学会如何正确使用它们。最后，本章还将提供处理查重结果的策略和建议。查重结果可能会显示相似度较高的部分，但并不代表一定存在问题。因此，读者将学会正确解读查重结果，判断是否需要进行修改，并获得实用的处理查重结果的指导。通过全面了解学术写作的伦理与规范，以及查重工具的应用，读者将能够在撰写论文时遵循伦理规范，确保学术诚信，创作出高质量的论文。

本章内容如下。

- 学术诚信与道德原则：学术诚信是学术写作的基石，了解道德准则和尊重他人研究成果至关重要。

- 知识产权与学术尊重：正确引用和尊重前人的研究成果，保护知识产权是学术写作不可或缺的一部分。
- 避免学术不端与违规行为：深入了解学术不端行为类型，避免数据篡改等行为，维护学术界的信誉与声誉。
- 论文查重的重要性：查重是确保学术诚信的必要步骤，应保障论文原创性和避免抄袭。
- 常用的查重软件和工具：介绍常用的查重软件和工具，帮助读者检查论文原创性。
- 处理查重结果的策略和建议：正确解读查重结果，判断是否需要修改，并强调学术合作与尊重同行的重要性，共同维护学术伦理。

10.1 学术诚信与道德原则

学术诚信与道德原则是学术界不可或缺的基石，我们在前文也有进行简单的阐述，它们涉及研究人员在学术活动中应遵循的行为准则和道德标准。这些原则确保了学术研究的公正、透明、可信和可复制性，维护学术界的信誉和声誉，同时为研究人员提供了一个相互尊重和积极合作的学术环境。

学术诚信是学术写作的核心原则。它要求研究人员在研究过程中诚实、客观地呈现研究结果，不得捏造、篡改数据或隐瞒研究成果。学术诚信是确保学术研究可信度和科学性的关键，它使其他研究人员和公众对研究成果产生信任，并确保研究能够为社会做出积极的贡献。

道德原则在学术写作中同样重要。它包括尊重他人的知识产权，正确引用和参考前人的研究成果，不得剽窃他人的想法或文字。学者应该意识到知识的共享与传承是学术界的基本理念，通过尊重他人的贡献，学术交流才能不断推进。

此外，道德原则还涉及对同行和学术机构的尊重。研究人员应该以诚信和尊重的态度与同行进行合作和交流，共同推进学术进步。研究人员应遵守学术机构的规章制度，不得从事违反学术伦理的行为。

遵循学术诚信与道德原则不仅是学者的道德责任，还是保障学术界健康发展的必要条件。缺乏诚信和道德准则的行为将严重影响学术界的声誉，甚至导致学术不端行为的泛滥。因此，培养学术诚信意识，加强道德教育，对于每一位研究人员都是至关重要的，同时是整个学术界共同的责任。

10.2 知识产权与学术尊重

知识产权与学术尊重是研究人员在学术界中非常重要的原则，它涉及研究人员在使用他人研究成果和创作自己的作品时应该遵守的法律和道德准则。这些准则旨在保护学术创作的权益，鼓励学术交流与合作，并确保学术成果的公平利用和传承。

首先，知识产权是指对创作和创新成果的独占性权利，它包括版权、专利、商标和商业秘密等。在学术界，研究人员的研究成果也属于其知识产权范畴。研究人员应该尊重他人的知识产权，不得未经授权使用他人的研究成果，以及不得侵犯他人的版权或专利权。这意味着在引用和参考他人的研究成果时，研究人员应该严格遵守引用规范，准确标注来源，尊重原作者的知识产权，并确保不会侵权。

其次，学术尊重是研究人员在学术交流与合作中应该具备的品质。学术尊重意味着研究人员之间相互尊重彼此的研究成果和学术观点。学术界是一个合作与共享知识的社区，通过学术尊重，研究人员能够促进学术交流和合作，推动学术进步。在学术交流中，研究人员应该对他人的研究成果表示赞赏和认可，不应贬低或忽视他人的工作。

最后，学术尊重还涉及对学术机构和学术规章制度的尊重。研究人员应该遵守学术机构的规章制度，不得从事违反学术伦理的行为，同时积极参与学术活动，为学术机构的发展和繁荣做出贡献。

总之，知识产权与学术尊重是研究人员在学术界的两个基本原则，它们共同构成了学术交流与合作的道德准则。通过遵守知识产权和学术尊重的原则，研究人员能够确保自己的学术研究合法、透明，并为学术界的发展做出积极贡献。同时，这些准则也有助于促进学术界的公平竞争和创新，维护学术界的健康生态，让学术成果更好地造福于人类社会。

10.3 避免学术不端与违规行为

学术不端与违规行为有时是明知故犯，有时却是无心的，只因研究者的轻视或马虎。但值得注意的是，学术不端与违规行为可能出现在研究人员各个环节。为避免不端行为，学术界需加强伦理教育，强调学术诚信与规范，建立健全的评价体系和严格的同行评审制度，共同维护学术诚信，保障学术研究的可信度与发展。表10-1中总结了一些常见的学术不端与违规行为，并对如何规避这样的行为做出了一定的提示。

表10-1 学术不端与违规行为表

学术不端与违规行为	行为描述	正确做法
抄袭	未经允许使用他人的研究成果、文字或想法	使用引用准则，标注出处，避免直接复制粘贴他人内容
数据篡改	修改或伪造研究数据以支持预期的结论	坚持诚实、客观，确保研究数据的真实性和可信度
捏造结果	编造不存在的研究结果或实验数据	进行可信实验并翔实记录结果，不夸大或虚构研究成果
自我抄袭	将之前发表的内容再次用于新的研究或论文	在新论文中引用自己之前的研究成果，并标注出处
多投多发	将同一篇论文同时投稿给多个期刊或会议	一次只向一个期刊或会议投稿，避免重复发表同一篇论文
不当引用	错误地引用或不准确地解释他人的研究成果	确保准确引用和理解他人的研究，避免误导他人或误解内容
代写代发	让他人代写论文或发表论文	自主撰写论文，保证独立完成研究和撰写过程
虚构合著	将未参与研究的人列为论文作者	确保只有实际参与研究的人才被列为论文作者
引用回避	故意避免引用与自己观点相悖的研究	公正客观地引用相关研究，尊重其他学者的贡献
剽窃图片	使用未经许可的图片或图表	使用合法授权的图片，或标注图片来源和版权信息

只有每一位研究人员严格执行上述建议，学术界才可以确保学术研究的诚信和规范，促进学术发展和进步。同时，这能够保障学者个人的学术声誉和学术成果的可信度，让学术界成为一个公正、透明、可信的知识交流平台。

10.4 论文查重

10.4.1 论文查重的重要性

论文查重是一种通过计算机技术和专业软件对论文或文本内容进行比对和分析，以检测其中是否存在与其他已发表文献或网络资源相似或重复的内容。通过查重，可以确保论文的原创性和学术诚信，避免抄袭和剽窃他人成果，保障学术界的声誉和学术研究的可信度。

当涉及学位论文或其他重要的学术论文时，论文查重具有非常重要的意义，对学术界和学生个人都有深远影响。以下是更详细的论文查重的重要性。

- 学术诚信保障：学术界的核心价值之一是学术诚信，即对他人的研究成果和知识产权进行尊重，以及对研究数据的诚实和客观呈现。论文查重是确保学术诚信的重要步骤。通过查重，可以及时发现是否存在抄袭、剽窃或自我抄袭行为，从而杜绝学术不端行为，维护学术界的声誉和信誉。
- 学位论文质量保证：学位论文是学生毕业的重要成果，它代表了学生在某一领域的专业水平和研究能力。查重可以帮助学生发现论文中可能存在的问题，如与他人论文相似度过高的部分，或是未经引用的他人成果。通过查重，学生可以及时进行修改和完善，确保学位论文的质量和学术水平。
- 技术创新检测：学位论文通常包含自主研究成果，特别是硕士和博士论文。查重可以确保这些成果的独立性和原创性。通过查重，可以判断论文中的技术创新程度，并防止在文献综述中过多引用他人的成果而减少自身创新。这对于评估学生的研究能力和学术水平非常重要。
- 学术声誉维护：学术界非常注重学者和学生的学术声誉。查重可以帮助学生避免不当引用、抄袭或剽窃他人成果的问题，从而保持学术声誉，获得学术界的尊重和认可。一旦学术不端行为被发现，学生可能会受到严重的道德和法律后果，其学术声誉也会受到损害。
- 学术机构要求：许多学术机构和教育机构都对学位论文进行查重要求。学生必须在论文提交之前进行查重，并将查重报告提交给学校或导师。未通过查重要求的学位论文可能无法顺利毕业。因此，查重是符合学术机构规定的重要步骤，对于学生完成学业和取得学位至关重要。

综上所述，论文查重对于学术诚信保障、学位论文质量保证、技术创新检测、学术声誉维护和满足学术机构要求等方面都具有非常重要的意义。研究人员和学生应当重视查重，确保论文的原创性和学术水平，同时避免学术不端行为的发生，促进学术界的健康发展和个人学术成长。

10.4.2 常用的查重软件和工具

本节将会列举论文写作可以用到的常见的查重软件和工具，但不同的软件和工具在算法、数据库覆盖范围及用户体验等方面可能有所差异。在选择使用时，研究人员和学生应根据具体需求和所在学校或机构的要求,选择最适合自己的查重工具,以确保论文的原创性和学术诚信。

1. 国内常见的查重软件和工具

- 中国知网(CNKI):作为中国最大的综合性学术数据库之一,CNKI不仅提供丰富的学术资源,还提供论文查重服务。用户可以通过注册账号,将论文上传至CNKI查重系统,系统会自动检测相似度并生成查重报告。CNKI的查重系统使用自研算法和庞大的学术数据库,可覆盖广泛的学科领域。

- 万方数据库:万方数据库是另一家国内知名的学术资源平台,也提供论文查重服务。用户可以通过网站注册账号,提交论文进行查重。万方查重系统使用复杂的算法和大规模的文献数据库,能够高效地检测论文的相似度。

- 维普数据库:维普数据库是国内重要的学术期刊、学位论文、会议论文等资源库,其查重系统也可以帮助用户检测论文相似度。用户可通过维普官方网站提交论文,获取查重结果。

- Turnitin中国:Turnitin是国际上最知名的论文查重工具之一,其在中国由代理商提供服务。Turnitin使用先进的比对算法和全球范围内的文献数据库,被许多国内高校和机构用于检测学生论文的原创性。Turnitin中国版还支持中文查重。

- 复旦大学查重系统:复旦大学开发了自主的论文查重系统,面向校内师生提供服务,并向其他高校开放。该系统在性能和准确性方面具备优势,为学校内部的论文查重需求提供了便捷的解决方案。

- 海大查重系统:中国海洋大学提供了查重系统,主要面向校内用户,但也接受外部用户申请使用。该系统使用复杂的算法和全球学术数据库,可对学位论文、学术论文等进行全面查重。

2. 国外常见的查重软件和工具

- Turnitin:Turnitin是全球最著名的论文查重工具之一,广泛应用于世界各地的高校、出版机构和科研机构。它使用强大的算法和庞大的文献数据库,能够检测学生论文的原创性和相似度。

- iThenticate:iThenticate是Turnitin的专业版本,主要面向出版商、科研机构和企业,用于检测学术出版物、商业文件的原创性,以及对稿件的相似度检测。

- Grammarly:Grammarly是一款广受欢迎的英语写作辅助工具,除了语法检查和拼写纠正,它还提供查重功能,用于检测文本的相似度和原创性。

- Plagscan：Plagscan是另一个国际知名的论文查重工具，被广泛应用于学术界和出版领域。它使用先进的算法，能够全面检测论文的相似度。
- Copyscape：Copyscape主要用于检测网页内容的相似度和抄袭情况，常被用于查找网站内容的原创性，但也可用于检测学术论文。

3. 查重软件和工具的使用方法

使用查重软件和工具可以帮助确保论文的原创性，避免学术不端行为。以下是使用查重软件和工具的一般步骤和注意事项。

(1) 步骤。

- 选择合适的查重软件：首先根据自己的需求和学校或机构的规定，选择合适的查重软件。
- 注册或登录账号：根据查重软件的要求，注册一个账号或使用学校提供的账号登录查重平台。
- 上传论文：将论文文件上传至查重系统。一般情况下，查重系统支持多种文件格式，如Word文档或PDF等。部分系统可能还支持批量上传，以便同时查重多篇论文。
- 等待查重结果：查重系统会自动对上传的论文进行比对和分析，检测论文中是否存在与其他文献或网络资源相似或重复的内容。等待一段时间后，查重系统会生成查重报告。
- 查看查重报告：查重报告通常会显示论文的相似度和重复部分，并标注出与其他文献的相似段落。学者或学生可以通过查重报告了解论文的原创性情况，并针对相似部分做出必要的修改和调整。
- 修改和完善：根据查重报告的结果，学者或学生应认真检查论文中相似或重复的内容，并进行必要的修改和完善。如果有引用他人成果或使用其他资源，应确保正确标注出处，避免不当引用。

(2) 注意事项。

- 遵守学术规范：在使用查重软件时，务必遵守学术规范和道德准则。确保论文的原创性，避免抄袭、剽窃和自我抄袭等学术不端行为。
- 保护个人隐私：在上传论文时，注意删除或隐藏可能包含个人隐私信息的内容，以免泄露个人信息。
- 多查重工具比对：不同的查重工具可能使用不同的算法和数据库，因此可能得出稍有不同的结果。建议使用多个查重工具进行比对，以获取更全面的查重情况。

- 谨慎使用公共领域文献：公共领域的文献或资源可能被广泛引用，导致查重结果显示相似度较高。谨慎使用这类文献，并确保适当引用出处。
- 查重早期参考：建议在论文撰写的早期阶段就进行查重，以便及时发现问题并进行修改，避免在提交前才发现查重相似度过高的情况。

使用查重软件和工具是保障学术诚信和论文质量的重要步骤。研究人员和学生应当严格遵守学术规范，正确认识查重结果，并及时对论文进行修改和完善，以确保论文的原创性和学术价值。

10.4.3 处理查重结果的策略和建议

当处理论文查重结果时，需要细致审查相似部分，并采取适当的措施来确保论文的原创性和学术诚信，以下是处理查重结果的更为详细的策略和建议。

- 仔细检查相似部分：详细审查查重报告中标注的相似部分，逐一核对论文内容和引用。确认相似度的来源是否合理，是否为合理引用，若是，应确保正确标注出处，避免被误判为抄袭。
- 修改和重写相似内容：对于与他人文献相似度较高的部分，进行适度修改或完全重写。重写能够使论文更符合研究目标和自身风格，增加学术价值，并降低相似度。
- 合理引用和标注出处：确保论文中使用的其他文献或资源都经过准确引用，并在文中标注出处。正确引用不仅展示学术诚信，还方便读者查找原始来源，进一步增加论文的可信度。
- 检查自我引用和多次发表：确保自我引用和多次发表的部分符合学术规范，避免不必要的重复。自我引用要注明出处，说明其与当前研究的关联，而不是简单重复过去的内容。
- 增加文献综述的广度和深度：提高文献综述的广度和深度，展现对研究领域全局的理解。丰富的文献综述能够减少与他人论文的相似度，突显自身研究的独立性。
- 提前查重和多次查重：建议在论文撰写的不同阶段进行查重，包括初稿、修改稿和最终稿。多次查重有助于及早发现并解决相似度较高的问题，避免在提交前才发现问题。
- 寻求导师或同行的建议：寻求导师或同行的建议和指导，分享查重结果，听取他们的意见和建议。导师或同行的经验和见解可能帮助发现论文中的问题并提供解决方案。

- 参考学校或机构的查重指导和政策：学校或机构可能对论文查重有特定的指导和政策，包括相似度限制等。应遵循相关规定进行处理，并了解具体查重要求。
- 使用多个查重工具比对：使用多个查重工具进行比对，获得更全面的查重结果。不同的工具可能使用不同的算法和数据库，因此可能得出稍有不同的结果。
- 学术诚信教育和自我规范：加强学术诚信教育，自觉规范学术写作。培养正确的学术态度和道德意识，从源头上杜绝学术不端行为。
- 密切关注查重工具的更新和改进：查重工具不断改进和更新，以提高准确性和效率。学者和学生应密切关注查重工具的最新版本和功能，及时了解并使用新功能。

处理查重结果需要耐心和细心，全面审查和处理相似度较高的部分，确保论文的原创性和学术诚信。通过合理引用和文献综述的充实，加强学术规范和诚信意识，提升论文质量，增强学术价值。

10.5 章节小结

论文写作的伦理与规范是学术界重要的议题之一，本章深入探讨了与此相关的核心内容。学术诚信与道德原则是学者在论文写作中应当遵循的基本准则。在学术研究中，诚实、正直和负责任是不可或缺的品质，研究人员应该坚守原创性原则，不得伪造数据或剽窃他人成果，也应避免自我抄袭，确保学术作品的可信度和可靠性。同时，尊重知识产权也是学术伦理的重要方面，应正确引用他人成果，注重知识来源的准确标注，避免侵犯他人的学术权益。

遵循学术伦理的核心意义在于维护学术界的公平竞争和学术规范。研究人员应当自觉遵守学术道德准则，以诚信为基石，提高论文的可信度。此外，避免学术不端与违规行为对于个人学术声誉和学术团体的声誉都至关重要。学术不端行为，如抄袭、造假、剽窃，严重影响学术声誉，可能导致论文被撤销，丧失学术地位，甚至遭受法律后果。因此，研究人员应该始终铭记学术伦理的重要性，自觉远离学术不端行为。

论文查重作为学术写作的重要环节，发挥着保障学术诚信和原创性的作用。查重可以帮助研究人员发现论文中的相似内容，确保论文的独立性，防止抄袭和剽窃。常用的查重软件和工具能够全面检测论文与其他文献的相似度，并生成查重报告，供研究人员参考和修改。在处理查重结果时，研究人员应该仔细检查相似部分，进行合理的修改或重写，确保论文的原创性和学术质量。同时，研究人员应该遵循学校或机构的查重指导和政策，根据查重结果及时进行适当的调整和完善，保障论文的学术可信度。

总的来说，论文写作的伦理与规范是学术界的基石，关乎个人的学术声誉和学术团体的声誉。遵循学术诚信与道德原则，尊重知识产权，避免学术不端与违规行为，正确处理查重结果，是每位读者在学术写作中应当谨记的重要原则。只有如此，学术界才能保持健康的发展态势，真正为社会进步和科学研究做出积极贡献。

10.6　章节练习

(1) 分析学术论文中可能存在的违背诚信的行为，如抄袭、数据篡改等，然后针对每种行为提出应对措施，强调学术道德的重要性，并思考如何在写作过程中避免不诚信的行为。

(2) 选择一篇自己或他人的学术论文，对其进行查重操作，使用两种不同的常用查重软件或工具，并对比两种结果。分析查重结果的差异，探讨查重工具的准确性和适用性。

(3) 意识到论文查重的重要性，选择合适的查重软件或工具，并对自己的论文进行查重。针对查重结果，就自己论文中可能存在的相似度高的问题进行思考或与他人讨论，寻求改进措施。

(4) 基于章节10.4.3处理查重结果的策略和建议，针对论文相似度高的部分，提出自己的修改建议和处理策略，并与导师或同行进行交流和讨论，以便更好地应对查重结果，确保论文的学术诚信。